U0922968

河北省工程勘察设计大师丛书

——交通、水利、煤炭、设备卷

河北省工程勘察设计咨询协会　主编

天津大学出版社

编委会

序言

燕赵大地千里沃野，一望无垠。这片热土孕育了数不清的英雄儿女，也定格了无数温暖人心的记忆。

1978—2018 年，40 年风雷磅礴，勤劳智慧的愚公子孙孜孜以求，用咬定青山的坚守诠释着青春理想，用敢为人先的开拓镌刻着对真理的追寻。他们超越自我、变革创新，在改革开放的伟大征程中取得了耀眼的成就；他们挥洒热血、燃烧激情，为实现中华民族伟大复兴的中国梦建立了卓越的功勋。

每一段壮美的航程都值得被歌颂、被铭记。“河北省工程勘察设计大师丛书”的出版恰逢其时，使命光荣。它既为我们追寻大师的足迹提供了可能，也为我们更好地记录这个时代提供了助益。本册《交通、水利、煤炭、设备卷》介绍了 10 位大师的优秀事迹。他们立足岗位、勇于探索，在劳动和奉献中实现了人生价值；他们造诣深厚、魅力不凡，为行业发展与科技进步做出了重大贡献；他们是时代的精英、行业的楷模，带给我们骄傲与感动；他们是国家的财富、民族的珍宝，带给我们温暖与自豪。在此，我谨以个人名义向他们致以深深的敬意！

近年来，工程设计市场竞争日益激烈，群雄争霸，风起云涌。这既为行业共同进步搭建了平台，也为年轻人成长成才提供了机会。大师们用自己的事迹为从业者抓住机遇、迎接挑战树立了榜样。分享他们的成长历程与人生感悟，不仅可以激发广大设计工作者的责任感与荣誉感，更可以为他们树立人生的风向标，引导他们坚定理想、奋勇拼搏。

河北是幸运的。习近平总书记亲自谋划、推动京津冀协同发展，把河北全域纳入国家战略，把解决河北与北京、天津的发展落差上升到国家层面来部署，系统制定了支持河北发展的政策举措，这样的机遇前所未有。新时代春风拂面，每一天我都能感受到燕赵大地处处涌动的创新热情，也能够切身感受到河北处处涌现的充盈活力。

风起扬帆正当时，凝心聚力再出发。40 年风雨兼程，燕赵大地的设计师们步履铿锵、爬坡过坎，书写了动人的诗篇。新时代，也一定能弘扬逢山开路、遇水架桥的奋斗精神，不忘初心，牢记使命，以勇创世界一流的民族志气为祖国建设做出更多、更好、更大的贡献。

2018 年 11 月

前言

工程勘察设计作为技术密集型的生产性服务，在工程建设项目的决策和实施过程中发挥着至关重要的主导作用，是提高投资效益、推动节能减排、保护生态环境、确保工程质量和安全的关键环节。河北省委、省政府非常重视工程勘察设计行业的发展。在2009年中华人民共和国成立60周年之际，经河北省委、省政府批准，河北省住房和城乡建设厅、河北省人力资源和社会保障厅联合组织评选出河北省第一批工程勘察设计大师，其中包含工程勘察大师10名、工程设计大师10名、建筑大师5名；2013年评选出工程设计大师10名，其中包含结构、工业、机电、设备四个专业的人才；2017年又评选出工程勘察设计大师10名，其中包含工程勘察大师2名、工程设计大师5名、建筑大师3名。目前，河北省工程勘察设计大师共有45名。

为全面落实党中央、国务院关于雄安新区建设、京津冀协同发展的战略部署，把河北这个建筑大省建成建筑强省，河北省委、省政府决定，到2020年要共评选出55名工程勘察设计大师，从2017年开始，每两年评选一次。河北省工程勘察设计咨询协会为配合省委、省政府做好宣传工作，经河北省工程勘察设计咨询协会常务理事会决定，由协会组织编辑出版"河北省工程勘察设计大师丛书"，展现河北省工程勘察设计大师的风采，宣传河北省工程勘察设计大师的功绩，给全省工程勘察设计人员树立学习的榜样，推动河北省工程勘察设计技术的进步和发展；同时也让全国的工程勘察设计同行了解河北，帮助河北省工程勘察设计大师走出河北、走向全国。

编辑出版"河北省工程勘察设计大师丛书"在国内尚属首次，河北省工程勘察设计咨询协会为保证这套丛书的先进性、真实性，做了周密的安排和部署，所有入选丛书的河北省工程勘察设计大师，都是工程勘察设计大师所在单位推荐的，而且有所在单位的评价，以此保证工程勘察设计大师的先进性；每位工程勘察设计大师的材料都是由本人提供、工程勘察设计大师所在单位审核的，以此保证业绩的真实性。经认真审核研究，"河北省工程勘察设计大师丛书"最终选入了38名工程勘察设计大师。这38名工程勘察设计大师在各自的工作岗位上都立下了丰功伟绩，无论是学术和技术水平、执业操守、敬业精神，还是严谨的工作作风，都是广大工程技术工作者的楷模，其中有两名河北省工程勘察设计大师已被国家住房和城乡建设部评为"全国工程勘察设计大师"，所以这38名工程勘察设计大师能够代表河北省目前的工程勘察设计水平和精神面貌。

"河北省工程勘察设计大师丛书"委托天津大学出版社编辑印刷成册。丛书共分四卷，即《勘察卷》《建筑卷》《结构卷》《交通、水利、煤炭、设备卷》，既考虑了专业又考虑了行业。关于每卷中人名排序的问题，我们遵循先国家后地方，按政府批文的时间和排名，先者为上。这四卷分别安排四个单位负责组卷，《勘察卷》由河北建设勘察研究院有限公司负责，《建筑卷》由中国兵器北方工程设计研究院有限公司负责，《结构卷》由河北建筑设计研究院有限责任公司负责，《交通、水利、煤炭、设备卷》由河北省交通规划设计院负责。这四个单位均安排专人负责收集、组卷，做了大量的、细致的工作，在此我代表河北省工程勘察设计咨询协会对他们付出的辛苦劳动表示崇高的敬意和感谢。

工程勘察设计大师是一份荣誉，更是一份责任，责任与荣誉同在，盛名之下理应做出表率。希望各位大师不忘初心、牢记使命，为河北乃至全国的工程勘察设计行业的技术进步与发展做出更大的贡献。

梁金国
河北省工程勘察设计咨询协会
2018年10月19日

目录

冯冠学

1962年出生，河北省辛集市人，煤炭工业技术委员会规划与咨询专家委员会委员，教授级高级工程师，1982年7月毕业于山西矿业学院采矿系地下采煤专业，获工程硕士学位，现任中煤邯郸设计工程有限责任公司党委书记、执行董事。

主持工程情况及荣誉

冯冠学同志自参加工作以来，主持完成了多项煤炭重大工程的设计、咨询工作，共获得省部级以上优秀工程设计、咨询成果奖二十余项，其中获国家优秀工程设计金奖两项、铜奖一项。

2004年获得国务院政府特殊津贴；2007年被评为煤炭工业技术创新优秀人才；2009年获得河北省勘察设计行业具有行业影响力人物奖；2011年被评为河北省工程勘察设计大师；2013年被评为全国勘察设计行业优秀企业家（院长）；2015年被评为首届煤炭行业工程勘察设计大师；2016年被评为第八批全国工程勘察设计大师。

社会责任

冯冠学同志具有深厚的专业理论功底和丰富的实践经验，在工程勘察设计领域取得了卓越成绩，是煤炭工程勘察设计专业领域的学术和专业带头人，具有较高的声誉。他始终致力于煤炭勘察设计行业的健康、持续发展和实现煤炭工程设计精细化、规范化、标准化，大力推动科技创新。他作为主编人或审查人参加了多项国家及煤炭行业标准规范的编撰工作；作为审查专家多次参加煤炭行业优秀咨询成果及优秀设计的评选工作；先后承担并主持了多项科技项目的研发工作；发表论文二十余篇。

2014年8月被聘任为煤炭工业技术委员会委员；2014年11月被聘任为国家安全监管总局第五届国家安全生产专家；2016年5月被聘任为河北省工程勘察设计咨询协会第七届理事会副会长；2017年2月被聘任为中国人民政治协商会议邯郸市第十二届委员会委员（任期2017年4月－2022年4月）。

单位评价

冯冠学同志自1982年8月参加工作以来，工作一直踏踏实实、勤勤恳恳、任劳任怨。在设计工作中，冯冠学同志科学严谨、勇于创新，以精湛的技术、丰富的经验、过人的胆识，攻克了一个又一个设计难题。

冯冠学同志遵守国家法律、法规，具有良好的职业道德和敬业精神。冯冠学同志作为中煤邯郸设计工程有限责任公司的一把手，始终把班子建设放在第一位，努力打造“四好”领导班子，搞好班子团结，使领导班子拧成一股绳，带领广大干部职工齐心协力，共同为公司发展贡献力量。

冯冠学同志时刻严格要求自己，从不考虑个人的荣辱得失，始终把公司利益放在前面，坚持艰苦朴素、勤俭节约的办事原则，处处以身作则，使公司保持了和谐稳定、蓬勃发展的良好局面，为公司和集团的发展做出了应有的贡献。

择一事，终一生

1962 年 7 月，我出生在河北省辛集市一个叫吴家庄的农村。由于历史原因，父母一代都没有上过学，几乎是文盲，所以他们从心底希望子女有文化，能够识文断字、算数记账。因此，他们就要求我们从小在条件允许的情况下好好读书。对于读书可以改变人生命运的想法，在当时的环境下是完全没有的，也是不可能有的。但在 16 岁那年，我迎来了我人生中的重大转折。

1978 年 7 月，我高中毕业，随着国家高考制度的恢复，我参加了高考。因为年龄小，在农村又孤陋寡闻，而且国家刚刚恢复高考，对大学是什么样子，专业又是干什么的，根本一窍不通，所以根本不知道该如何填报志愿，最后在老师的帮助下，才完成了志愿填报。当时的想法就是能上学就行，管它什么专业，未曾想到，在老师建议下匆匆填报的地下采煤专业成为我一生的事业追求。

入学后，老师说，采矿专业是矿业学院的龙头专业，上矿院就要学采矿专业，争取为祖国的煤炭事业奉献四十年。我当时不知道什么是龙头，什么是龙尾，但听了老师的话很受鼓舞，尽管煤矿条件比较艰苦，但既然来了，就应该好好学习。在大学期间，由于高中的底子较差，所以第一年的考试成绩不好，全部三个及格均出现在第一年，从第二年开始所有考试均为优良。因为没有人脉，又不善交际，我本以为像我这样平凡的农村孩子不会得到老师的关注，所以早早做好了毕业去煤矿工作的心理准备。没想到在最后分配单位时，老师把去设计院的一个名额指标给了我。

1982 年 8 月，我怀揣着满腔热情，走进了中煤邯郸设计工程有限责任公司（后简称邯郸设计公司）的前身——煤炭工业部邯郸设计研究院的大门，并深深扎下了根。

工程师——一个神圣的称呼，受人尊敬，令人向往。它代表着责任、力量与水平。邯郸设计公司一直延续着一种“传帮带”精神，许多老同志“严起来不留一点情面，帮起来不留一点余力”，这种工作环境让我迅速成长。在他们身上，我不仅学到了踏实肯干的工作态度，也学到了科学严谨的工作作风。在具体工作中，我不拘泥于仅仅满足合格要求，更致力于打造设计精品。无数个深夜和周末，我静心研习专业理论知识，将规程、规范弄懂吃透，虚心向老前辈学习、请教，追踪当下最先进的技术，并结合实际应用于设计之中。工作前几年，除作为施工代表参加了东庞矿井收尾验收外，我还作为主体设计人参加了平昔总体、阳泉总体（10.0 Mt/a 以上）、九龙口矿井（1.2 Mt/a）的设计工作。

进公司初期

1990 年，我首次担任项目负责人，本着将补连塔矿井打造成为优秀设计的目的，大胆运用新技术、新工艺，先后主持、协调、解决了设计过程中的种种技术难题，积极调动各类专业人员，紧密结合现场实际以及采煤设备发展水平，推荐采用了“一矿一面”开采方案，全矿井仅以一个采煤工作面保证 3.0 Mt/a 的生产能力，这在当时是最先进的技术。大硐室支护设计成功解决了断面面积达 100 ㎡以上的支护难题。工作面装备了全套引进 6LS5 型大功率、大截深、高强度采煤机，大运量刮板输送机、转载机、破碎机等，国产 ZY6000-25/50 型一次采全高液压支架，配套组成高产高效采煤设备，掘进配备两套综掘设备。主运输全部采用胶带输送机，辅助运输采用无轨胶轮车。为解决采煤工作面设备单机容量大、电压等级高且供电距离远的问题，首次采用了 35 kV 地面移动式箱式变电站，以钻孔方式敷设供电电缆。为实现矿井安全生产和现代化管理，配备了先进的信息系统，包括工业电视、计算机管理和办公自动化、生产安全监测监控、网络平台及数据库、泄漏通信及机车位置显示等。为预防煤层自燃，设置了一套地面移动式氮气防灭火装置。全矿井井巷工程量 32 508 m，万吨掘进率 108.4 m，全员效率 25 t/ 工。

这一个个“第一”和“首次”意味着风险和责任，要开创先河，一切都得从零开始，所有的事情都是初次面对，所有问题都是难题。物有甘苦，尝之者识；道有夷险，履之者知。做设计不能纸上谈兵，光在办公室看图纸、算数据是不行的，必须要去现场。从 1990 年开始做项目负责人，到 1997 年补连塔矿井移交，我每年至少要在补连塔矿井住五六个月。20 世纪 90 年代的条件还很差，交通也不方便，矿井刚开始筹建时根本没有公路，都是土路，一下雨，路就断了。每次去矿上要走三天，早晨坐火车从邯郸出发，经过北京、包头、东胜转三次车，第三天下午才能到矿上。

井下学习

亲眼看、亲耳听、亲身体会、亲自交流，积极配合业主、施工单位，解决施工中所发生的技术问题。回来后，协调各专业间的资料共享关系，组织讨论、分析、论证设计方案，以科学严谨的态度，保证工程顺利进行。

补连塔矿井建成投产后，我又继续作为项目负责人主持完成了神华集团上湾矿井（10.0 Mt/a）、山西长平煤业公司长平矿井（1.2 Mt/a）、伊泰集团酸刺沟矿井（12.0 Mt/a）等大型、特大型矿井的设计工作。

宝剑锋从磨砺出，梅花香自苦寒来。有付出就有回报，通过团队的同心协力、精益求精，我主持完成的设计项目均获得了优异成绩。作为项目负责人完成的神华集团补连塔矿井（3.0 Mt/a）于 2000 年获得全国第九届优秀工程设计金奖；作为项目负责人设计的神华集团上湾矿井（10.0 Mt/a）于 2008 年获得全国第十二届优秀工程设计金奖；作为主体设计人设计的峰峰矿务局九龙口矿井（1.2 Mt/a）于 1999 年获得全国第八届优秀工程设计铜奖；作为项目负责人设计的山西长平煤业公司长平矿井（1.2 Mt/a）于 2005 年获得煤炭行业（部级）第十二届优秀设计二等奖；作为项目负责人主持完成的“冀中煤炭基地规划”于 2006 年获得煤炭行业（部级）优秀工程咨询成果特等奖等。从业以来，共获省部级以上优秀工程设计、咨询成果奖二十余项。

这些用汗水浇灌的数字和用心血凝结的业绩，都是一种肯定，但作为设计工作者，不能被成绩所束缚，不能以奖项为追求。前些年做设计师的时候，我通常只考虑自己负责的矿井。自 2000 年我担任公司总工程师后，凭借近 20 年积累的设计经验，将目光投向了公司、行业的健康、持续发展。

持续关注国内外先进设计理念和技术的应用，主动思考、积极创新，除了考虑经济、安全、实用，更着眼于贯彻绿色、节能、环保理念。煤炭行业的发展方向应该是无人化。井下自动化水平的提高，从推进无人工作面到采煤、掘进、运输等全部实现无人化，不但能降低生产成本，还能解决安全问题。从煤炭开采的角度说，要推行无煤柱开采。无煤柱开采不但可以减少煤炭资源损失，而且可以消除瓦斯、地压、自然发火威胁，便于

井下检查

地面塌陷治理，使经济效益和安全效益大幅提高。这也是行业发展的必然趋势。

作为发明（设计）人之一，完成了块煤转载环节防破碎降噪装置的研发，有效提升了矿产的经济效益，同时改善了矿区工作环境。

为推动煤炭勘察设计精细化、规范化、标准化，作为主编之一，完成了《采矿工程设计手册》《煤矿井下消防、洒水设计规范》等多项国家煤炭行业勘察设计标准、规范的编撰工作，其中编撰的中煤集团《安全高效现代化矿井技术标准》作为基础被修订成为煤炭行业的标准。同时，还参与了多部行业规范的编制和审查工作，有效提升了煤炭设计在我国工程勘察行业中的应用水平；先后发表论文二十余篇，其中在《煤炭工程》等核心刊物发表论文共 8 篇。

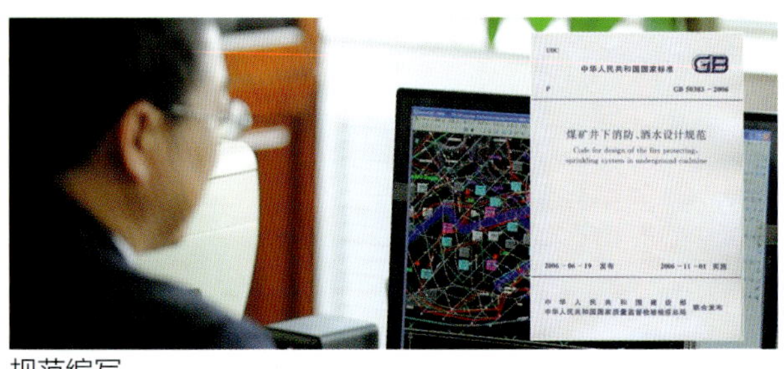

规范编写

2004 年获国务院政府特殊津贴；2006 年获河北省煤炭工业优秀工作者称号；2009 年获河北省勘察设计行业具有行业影响力人物奖；2011 年获河北省工程勘察设计大师称号；2013 年被评为全国勘察设计行业优秀企业家（院长）；2014 年当选为中国煤炭建设协会勘察设计委员会（煤炭勘察设计协会）第五届副理事长；2015 年被评为首届煤炭行业工程勘察设计大师；2016 年被评为第八批全国工程勘察设计大师。

我觉得，作为一名设计工作者，我只是做了分内之事，对于获评“工程勘察设计大师”，我更是运气较好。首先，无论是老师、领导，还是前辈、同事都对我非常支持，对我的工作给予了大力帮助和指导，在邯郸设计公司和谐的氛围中，大家“以企为家”，爱岗敬业，形成了一股推进企业健康前行的巨大力量。其次，我能够摆正自己的位置，与建设单位、施工单位关系融洽、配合默契，虽然不善言辞，但在工作中积极沟通，施工中出现问题即刻解决，从不拖沓，形成了条理清晰、做事严谨、精益求精的工作风格。最重要的是，项目的建成是一个团队共同奋斗的结果，这些奖项和荣誉绝不仅仅属于我一个人，它是整个邯郸设计公司的荣耀。

神华集团补连塔矿井

建设地点：内蒙古自治区鄂尔多斯市
建设规模：3.0 Mt/a
设计/竣工：1990—1997 年 / 1997 年 10 月
获奖情况：2000 年度全国第九届优秀工程设计金奖

补连塔矿井设计采用斜井-平硐开拓方式，全矿井仅以一个采煤工作面达到 3.0 Mt/a 的生产能力。主运输采用胶带输送机，辅助运输采用无轨胶轮车。工作面装备了全套引进 6LS5 型大功率、大截深、高强度采煤机以及大运量刮板输送机、转载机、破碎机与国产液压支架。首次采用了 35 kV 地面移动式箱式变电站供配电，并配备了先进的信息管理系统。

神华集团上湾矿井

建设地点：内蒙古自治区鄂尔多斯市
建设规模：10.0 Mt/a
设计/竣工：1990—2003 年/2003 年 10 月
获奖情况：2008 年度全国第十二届优秀工程设计金奖

上湾矿井设计生产能力为10.0 Mt/a，采用斜井－煤层大巷开拓方式，主运输全部采用胶带输送机，辅助运输采用无轨胶轮车。采煤工作面全部采用国外最先进的采煤设备（采煤机、刮板输送机、液压支架），支架高度为 2.6~5.5 m，工作面长度为 240 m，推进长度达 4 000 m 以上。投产移交一个盘区、一个工作面，保证矿井设计生产能力，配备两套连续采煤机进行掘进和回收边角煤。该矿井曾创造了多项世界纪录，其中在 2004 年创造了单面生产 10.75 Mt 的世界纪录。

伊泰集团酸刺沟矿井

建设地点：内蒙古自治区鄂尔多斯市
建设规模：12.0 Mt/a
设计 / 竣工：2005—2008 年 / 2010 年 2 月
获奖情况：《酸刺沟矿井可行性研究报告》获 2008 年度全国优秀咨询成果二等奖；2010 年煤炭行业（部级）第十五届优秀工程设计一等奖；2011 年国家能源科技进步二等奖

酸刺沟矿井设计生产能力为 12.0 Mt/a，采用斜井－煤层大巷开拓方式。主斜井（倾角 16°）装备一台大型带式输送机担负提煤任务；副斜井（倾角 6°）采用无轨胶轮车从地面直达井下工作面；风井采用立井回风。全矿井共布置两个盘区、两个工作面（一个 4# 煤一次采全高，一个 6# 煤放顶煤）保证矿井生产能力；掘进采用两套引进的 12CM15D 型连续采煤机工作面（掘进能力达到 1 200 m/ 月以上）和两个普通掘进工作面。矿井配备了综合自动化信息系统，设计了计算机数字信息管理网络，适应了现代化矿井生产和管理要求。建井工期 19 个月，全员工效 120 t/ 工，吨煤投资 106.25 元。

峰峰矿务局九龙口矿井

建设地点：河北省邯郸市峰峰矿区
建设规模：1.2 Mt/a
设计/竣工：1979 年 / 1991 年 4 月
获奖情况：1999 年度全国第八届优秀工程设计铜奖

九龙口矿井设计生产能力为 1.2 Mt/a，矿井采用立井－石门大巷开拓方式，南北两翼分区布置。矿井投产移交两个采区、两个工作面，保证矿井设计生产能力。设计的井下主要巷道均采用锚喷支护，对陷落柱通过底板加固注浆提高底板阻水能力。该矿井是我国第一个用潜水泵作为主排水设备的矿井，并配套建有井下矿井水澄清系统。该矿井目前已成为我国矿井水防治、瓦斯防治的典范矿井之一。

山西长平煤业有限责任公司长平矿井

建设地点：山西省晋城市
建设规模：1.2 Mt/a
设计/竣工：2001 年 4 月—2004 年 3 月 / 2004 年 7 月
获奖情况：2005 年度煤炭行业（部级）第十二届优秀工程设计二等奖

长平矿井为技术改造项目，原设计生产能力为 0.3 Mt/a，井田面积为 3.7 km^2，矿井增划资源后，井田面积扩大至 43.5 km^2，可采储量 158.79 Mt，技术改造后矿井生产能力为 1.2 Mt/a。设计立足于现状，本着“经济实用、安全高效”的原则，使得技术改造投资省、见效快，系统简捷、流畅。矿井改造总投资 21 890.04 万元，建井工期 20 个月。项目建成后取得了很好的经济效益。

冀中能源峰峰集团梧桐庄矿井

建设地点：河北省邯郸市峰峰矿区
建设规模：1.2 Mt/a
设计/竣工：1992 年 10 月—2000 年/2001 年 5 月
获奖情况：2005 年度煤炭行业（部级）第十二届优秀工程设计二等奖

梧桐庄矿井设计生产能力为 1.2 Mt/a，采用立井开拓，初期布置主井、副井和中央风井三个井筒，以 -470 m 水平南北翼两个采区、两个工作面保证矿井设计生产能力。矿井煤层储量比较丰富，煤质优良，具有较强的市场竞争力，但地质条件比较复杂。矿井设计理念先进，系统布置合理，技术水平达国内同期先进水平。

山西省怀仁县柴沟矿井

建设地点：山西省朔州市
建设规模：3.0 Mt/a
设计 / 竣工：2005—2007 年 / 2008 年
获奖情况：2009 年度全国优秀工程咨询成果一等奖；2012 年度煤炭行业（部级）第十五届优秀工程设计一等奖

柴沟矿井是资源整合矿井（将原有的柴沟煤矿、王卞庄煤矿、石井煤矿和窑子头煤矿进行整合），设计生产能力为 3.0 Mt/a。井田面积为 15.62 km^2，可采储量为 217.37 Mt，以斜井 - 煤层大巷开拓全井田。设计采用大采高综合机械化分层开采和非正规块段连续采煤机短壁机械化开采相结合的采煤方法。项目初期不建设洗煤厂，矿井生产的原煤经简易筛分破碎后直接装车外销。设计本着“因地制宜、集约高效”的原则，利用原石井煤矿的工业场地重新布置主、副斜井，原柴沟煤矿的主、副井改造为风井，该矿井成为山西省资源整合的样板矿井。

内蒙古自治区鄂尔多斯市葫芦素矿井

建设地点：内蒙古自治区鄂尔多斯市

建设规模：13.0 Mt/a

设计 / 竣工：2010—2016 年 / 2017 年

获奖情况：《葫芦素矿井可行性研究报告》2014 年获得煤炭行业（部级）优秀工程咨询成果一等奖；《葫芦素矿井项目申请报告》2017 年获得全国优秀工程咨询成果一等奖

葫芦素矿井井田面积为 92.761 km^2，设计可采储量为 1 736.32 Mt，设计生产能力为 13.0 Mt/a，矿井服务年限为 92.1 年。设计采用立井开拓，大巷条带式布置，中央并列式通风系统。主、副井均为大直径立井，净直径分别为 9.6 m 和 10 m。主井装备两对载重 50 t 的箕斗，为目前国内最大载重的箕斗；副井装备一宽一窄带平衡锤罐笼担负全矿井设备、材料、人员等辅助提升任务。矿井共布置两个采区、两个综采工作面，保证矿井生产能力。矿井移交生产时总井巷工程量为 85 442 m，万吨掘进率为 65.7 m。矿井原煤生产效率为 63 t/ 工，建设总工期 46 个月。

中煤邯郸设计公司—煤矿智能辅助设计系统

开　发　时　间：2010 年 9 月—2011 年 9 月
上线运行时间：2011 年 10 月
获　奖　情　况：2014 年煤炭行业（部级）第十六届优秀计算机软件奖；2016 年中国中煤能源集团有限公司科学技术进步奖

中煤邯郸设计公司—煤矿智能辅助设计系统是一个超大型综合集成软件系统，包括煤矿设计过程的设计协同、流程管控、设计知识管理、工程计算、方案比选、参数化绘图、采矿三维设计和生产计划管理等相关模块。该系统的应用使矿井设计手段进一步改进，大大提高了设计效率和设计质量，达到了国内煤炭设计行业领先水平。

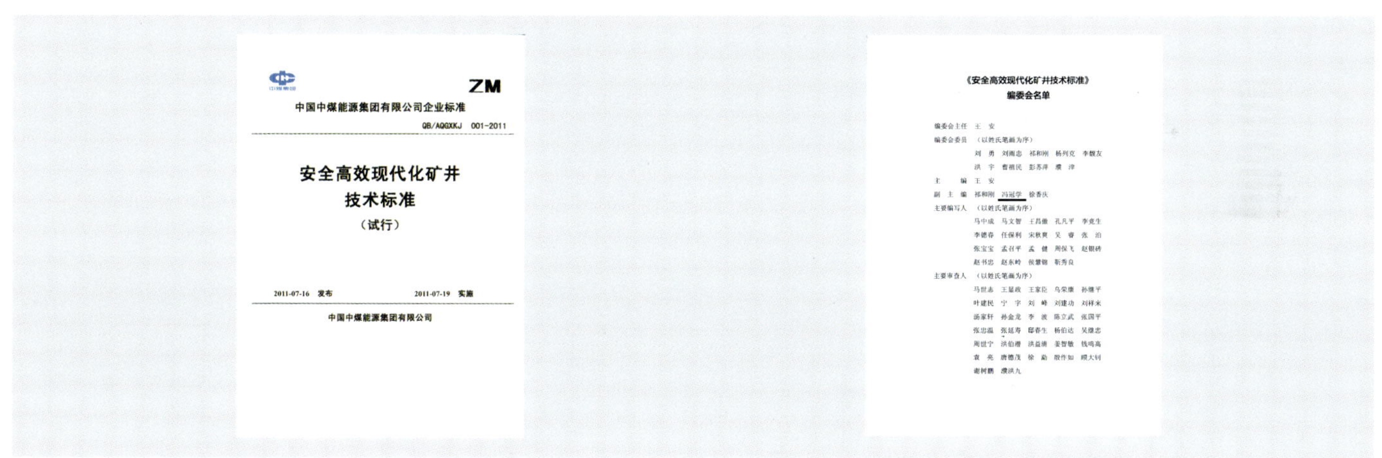
ZM
中国中煤能源集团有限公司企业标准
QB/AQGXKJ 001-2011

安全高效现代化矿井
技术标准
（试行）

2011-07-16 发布　　2011-07-19 实施

中国中煤能源集团有限公司

《安全高效现代化矿井技术标准》
编委会名单

编委会主任　王　安
编委会委员　（以姓氏笔画为序）
刘　勇　刘雨忠　祁和刚　杨列克　李靓友
洪　宇　曹祖民　彭苏萍　濮　津
主　　编　王　安
副 主 编　祁和刚　冯冠学　徐香庆
主要编写人　（以姓氏笔画为序）
马中成　马文智　王昌徽　孔凡平　李竞生
李德春　任保利　宋秋爽　吴　睿　张　泊
张宝宝　孟召平　孟　健　周保飞　赵银砖
赵书忠　赵东岭　侯慧锦　靳秀良
主要审查人　（以姓氏笔画为序）
马世志　王显政　王家臣　乌荣康　孙继平
叶建民　宁　宇　刘　峰　刘建功　刘祥来
汤家轩　孙金龙　李　波　陈立武　张国平
张忠温　张延寿　邸春生　杨伯达　吴继忠
周世宁　洪伯潜　洪益清　姜智敏　钱鸣高
袁　亮　唐德茂　徐　勍　殷作如　顾大钊
谢树鹏　濮洪九

《安全高效现代化矿井技术标准（试行）》

编　　　号：QB/AQGXKJ 001—2011
发布单位：中国中煤能源集团有限公司
发布时间：2011 年 7 月 16 日
实施时间：2011 年 7 月 19 日

《安全高效现代化矿井技术标准（试行）》是在国家、行业现有标准的基础上，通过系统集成、升级应用，以高科技采矿技术理念为导向，形成了一部满足煤矿设计、施工、生产三位一体的综合技术标准。本标准共分 6 篇 26 章 330 条。

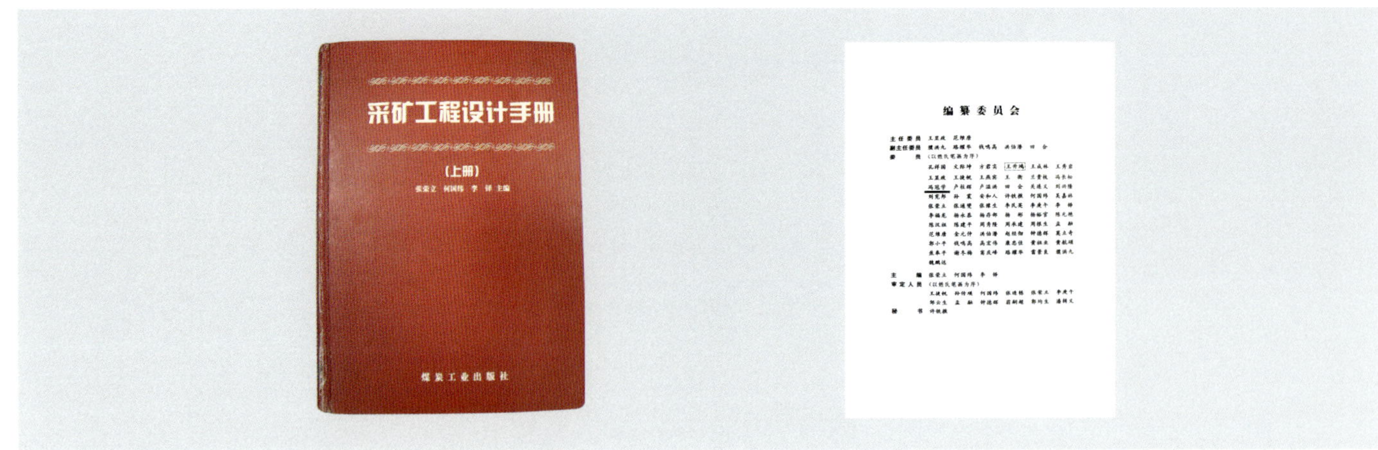

《采矿工程设计手册》

名　　称:《采矿工程设计手册》
出 版 社:煤炭工业出版社
出版时间:2003 年 5 月

《采矿工程设计手册》（以下简称《手册》）根据当时我国规范、规程和规定，结合当时国际、国内最新矿山设计、施工、建设的实例，系统介绍了设计任务书下达后采矿专业所担负的设计内容。此外，还列举了大量最新资料和数据，可满足大、中、小型矿井新建及改扩建设计的需要。

《手册》共包括常用技术资料、矿区开发和井田开拓、采煤方法和采区巷道布置等十篇，中煤邯郸设计工程有限责任公司负责其中第六篇的编写。《手册》共分上、中、下三册出版。

《煤炭工业矿井建设岩土工程勘察规范》

编　　号:GB 51144—2015
发布机构:中华人民共和国住房和城乡建设部与中华人民共和国国家质量监督检验检疫总局
发布时间:2015 年 12 月 3 日
实施时间:2016 年 8 月 1 日

本规范是根据住房和城乡建设部的要求，由中煤邯郸设计工程有限责任公司会同有关单位共同编制完成的。

本规范共分 13 章和 9 个附录，适用于煤炭项目地面建筑工程和管线类工程，边坡工程，基坑工程，特殊性岩土，不良地质作用和地质灾害，地下水，工程地质测绘，勘探、测试、取样与试验，水和土腐蚀性评价，岩土工程分析评价和成果报告等。

UDC

中华人民共和国国家标准　GB

P　GB 50383-2016

煤矿井下消防、洒水设计规范

Code for design of the fire protecting, sprinkling system in underground coalmine

2016－01－04 发布　2016－08－01 实施

中华人民共和国住房和城乡建设部
中华人民共和国国家质量监督检验检疫总局　联合发布

参编单位：中煤科工集团重庆研究院有限公司
中煤科工集团北京华宇工程有限公司
中煤西安设计工程有限责任公司
北京圆之翰煤炭工程设计有限公司

主要起草人：张　泊　邢国仓　冯冠学　李德春　李奇斌
闫建国　刘　俊　万小青　张孔思　陈　昱
刘珉瑛　李　茜　李德文　张设计　王正辉

主要审查人：李　燕　邬象车　张之立　张云禄　郭宝德
张铁军

· 2 ·

《煤矿井下消防、洒水设计规范》

编　　号：GB 50383—2016

发布机构：中华人民共和国住房和城乡建设部与中华人民共和国国家质量监督检验检疫总局

发布时间：2016 年 1 月 4 日

实施时间：2016 年 8 月 1 日

本规范是根据住房和城乡建设部的要求，由中煤邯郸设计工程有限责任公司会同有关单位对原国家标准《煤矿井下消防、洒水设计规范》（GB 50383—2006）进行修订而成的。

本规范共分 11 章和 6 个附录，适用于设计生产能力为 0.09 Mt/a 及以上的新建、改建及扩建煤矿的井下消防、洒水设计。

UDC

中华人民共和国国家标准　GB

P　GB 51185　2016

煤炭工业矿井抗震设计规范

Code for mine seismic design of coal industry

2016　08　18 发布　2017　04　01 实施

中华人民共和国住房和城乡建设部
中华人民共和国国家质量监督检验检疫总局　联合发布

主要起草人：王宗祥　蒋茂林　郜一谋　任爱国　张国森
任保利　杨文龙　冯冠学　李文才　张晓阳
宋　刚　马中成　路中科　郭大林　张宇宝
孟　健　孔凡平　张　泊　吴　睿　陶友山
吴　影　李玉瑾　郑　捷　谢自强　彭成荣
卢灏淇　胡仕伟　张庆福　文宗强　黄春刚

主要审查人：王步云　耿建平　周本刚　王志杰　李德春
李　丁　崔元瑞　李书兴　董继斌　陈　宏
夏军武

· 2 ·

《煤炭工业矿井抗震设计规范》

编　　号：GB 51185—2016

发布机构：中华人民共和国住房和城乡建设部与中华人民共和国国家质量监督检验检疫总局

发布时间：2016 年 8 月 18 日

实施时间：2017 年 4 月 1 日

本规范是根据住房和城乡建设部的要求，由中煤邯郸设计工程有限责任公司会同有关单位共同编制完成的。

本规范共分 9 章，适用于抗震设防烈度为 6 度及以上地区的矿井、洗煤厂新建、改建和扩建工程及设施的抗震设计。

UDC

中华人民共和国国家标准 GB

P GB/T 50451—2017

煤矿井下排水泵站及排水管路
设计规范

Code for design of pumping station and
pipeline under coal mine

2017-01-21 发布 2017-07-01 实施

中华人民共和国住房和城乡建设部
中华人民共和国国家质量监督检验检疫总局 联合发布

资料寄送中煤邯郸设计工程有限责任公司《煤矿井下排水泵站及排水管路设计规范》编制组（地址：河北省邯郸市滏河北大街114号，邮政编码：056031），以供今后修订时参考。

本规范主编单位、参编单位、主要起草人和主要审查人：

主编单位：中煤邯郸设计工程有限责任公司

参编单位：煤炭工业合肥设计研究院
中煤科工集团武汉设计研究院有限公司
中煤科工集团南京设计研究院有限公司
中煤科工集团沈阳设计研究院有限公司
煤炭工业太原设计研究院
煤炭工业济南设计研究院有限公司
山西约翰芬雷华能设计工程有限公司

主要起草人：张晓四 冯冠学 李德存 赵书忠 邢国仓
孔凡平 马中成 宋建国 宋中扬 黄通才
包勇 李书兴 李定明 李惠平 梁祖金
韩猛 李永强 崔汉涛 刘海清 孙黔茂

主要审查人：何建平 刘晓群 李玉璠 寇子明 李同达
门小莎 陈继方

·2·

《煤矿井下排水泵站及排水管路设计规范》

编　　号：GB/T 50451—2017
发布机构：中华人民共和国住房和城乡建设部与中华人民共和国国家质量监督检验检疫总局
发布时间：2017 年 1 月 21 日
实施时间：2017 年 7 月 1 日

本规范是根据住房和城乡建设部的要求，由中煤邯郸设计工程有限责任公司会同有关单位，在原国家标准《煤矿井下排水泵站及排水管路设计规范》（GB 50451—2008）的基础上进行修订编制完成的。

本规范共分 6 章和 4 个附录，适用于新建、改建和扩建煤矿的主排水泵站、采区排水泵站、井底水窝泵站、抗灾排水泵站、井下排水管路的工程设计。

UDC

中华人民共和国国家标准 GB

P GB 50385—2018

矿山井架设计标准

Standard for design of the mine headframes

2018-01-16 发布 2018-09-01 实施

中华人民共和国住房和城乡建设部
中华人民共和国国家质量监督检验检疫总局 联合发布

参编单位：中煤西安设计工程有限责任公司
煤炭工业合肥设计研究院
中煤科工集团南京设计研究院有限公司
中煤科工集团沈阳设计研究院有限公司
煤炭工业济南设计研究院有限公司
煤炭工业太原设计研究院
中煤科工集团武汉设计研究院有限公司
中煤科工集团北京华宇工程有限公司
大地工程开发（集团）有限公司
山西约翰芬雷华能设计工程有限公司
清华大学建筑设计研究院有限公司
中materials国际工程股份有限公司

主要起草人：王宗祥 邵一谋 马中成 路中科 冯冠学
关家祥 赵书忠 王旭东 任爱国 李红波
胡光阔 韩猛 李胜利 柯文政 熊辉
孙祥 曲传凯 王振江 杨巍 张启
王梅 叶海燕 周维娟 魏武 蒋涛
于鲁辉 刘跃生

主要审查人：郑捷 王志杰 陈宏 董继斌 李玉璠
吴向东

·2·

《矿山井架设计标准》

编　　号：GB 50385—2018
发布机构：中华人民共和国住房和城乡建设部与中华人民共和国国家质量监督检验检疫总局
发布时间：2018 年 1 月 16 日
实施时间：2018 年 9 月 1 日

本标准是根据住房和城乡建设部的要求，由中煤邯郸设计工程有限责任公司会同有关单位，在原国家标准《矿山井架设计规范》（GB 500385—2006）的基础上进行修订编制完成的。

本规范共分 7 章，适用于矿山立井钢结构和钢筋混凝土结构井架的设计。

ICS 73
P 70
备案号：31825—2011

中华人民共和国煤炭行业标准 MT

MT/T 1151—2011

煤炭工业矿井工程建设项目
可行性研究报告编制标准

Standard for feasibility study report of mine
construction project in coal industry

2011-04-12 发布　　2011-09-01 实施

国家安全生产监督管理总局　发布

《煤炭工业矿井工程建设项目可行性研究报告编制标准》

编　　号：MT/T 1151—2011
发布机构：国家安全生产监督管理总局
发布时间：2011 年 4 月 12 日
实施时间：2011 年 9 月 1 日

本标准是根据国家安全生产监督管理总局、国家煤矿安全监察局的要求，参照中国煤炭建设协会 2004 年编制的《煤炭工业建设项目可行性研究报告编制内容（试行）》中的《煤炭工业矿井可行性研究报告编制内容》部分，由有关单位共同编制完成的。

本标准共分 2 章和 4 个附录，适用于设计生产能力为 0.45 Mt/a 及以上新建和改扩建矿井可行性研究报告的编制。

UDC
中华人民共和国国家标准 GB
P　　GB 50215—2015

煤炭工业矿井设计规范

Code for design of mine of coal industry

2015-09-30 发布　　2016-03-01 实施

中华人民共和国住房和城乡建设部
中华人民共和国国家质量监督检验检疫总局　联合发布

《煤炭工业矿井设计规范》

编　　号：GB 50215—2015
发布机构：中华人民共和国住房和城乡建设部与中华人民共和国国家质量监督检验检疫总局
发布时间：2015 年 9 月 30 日
实施时间：2016 年 3 月 1 日

本规范是根据住房和城乡建设部的要求，由有关单位在原国家标准《煤炭工业矿井设计规范》（GB 50215—2005）的基础上进行修订完成的。

本规范共分 18 章和 4 个附录，适用于设计生产能力为 0.09 Mt/a 及以上的新建、改建及扩建的煤炭工业矿井的初步可行性研究、可行性研究和初步设计。

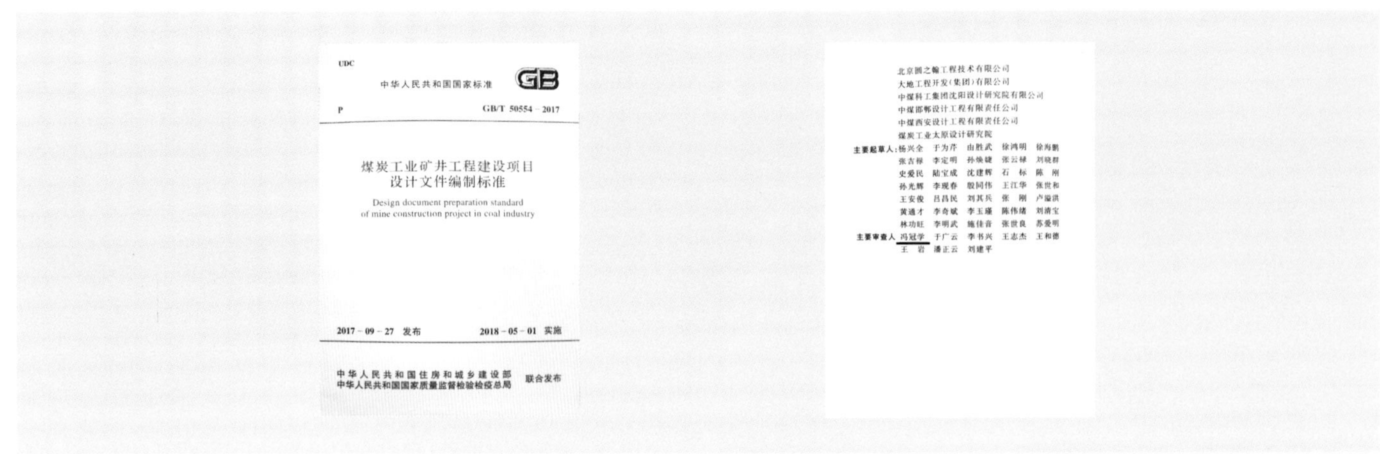

UDC

中华人民共和国国家标准 GB

P GB/T 50554－2017

煤炭工业矿井工程建设项目
设计文件编制标准

Design document preparation standard
of mine construction project in coal industry

2017－09－27 发布 2018－05－01 实施

中华人民共和国住房和城乡建设部
中华人民共和国国家质量监督检验检疫总局 联合发布

北京圆之翰工程技术有限公司
大地工程开发(集团)有限公司
中煤科工集团沈阳设计研究院有限公司
中煤邯郸设计工程有限责任公司
中煤西安设计工程有限责任公司
煤炭工业太原设计研究院

主要起草人:杨兴全 于为芹 由胜武 徐鸿明 徐海鹏
张吉禄 李定明 孙焕婕 张云禄 刘晓群
史爱民 陆宝成 沈建辉 石 标 陈 刚
孙光辉 李现春 殷同伟 王江华 张世和
王安俊 吕昌民 刘其兵 张 刚 卢温洪
黄通才 李奇斌 李玉臻 陈伟绪 刘清宝
林功旺 李明武 施佳音 张世良 苏爱明

主要审查人 冯冠学 于广云 李书兴 王志杰 王和德
王 岩 潘正云 刘建平

《煤炭工业矿井工程建设项目设计文件编制标准》

编　　号：GB/T 50554—2017

发布机构：中华人民共和国住房和城乡建设部与中华人民共和国国家质量监督检验检疫总局

发布时间：2017 年 9 月 27 日

实施时间：2018 年 5 月 1 日

本标准是根据住房和城乡建设部的要求，由有关单位在原国家标准《煤炭工业矿井工程建设项目设计文件编制标准》（GB/T 50554—2010）的基础上修订完成的。

本标准共分 3 章和 4 个附录，适用于新建、改建及扩建矿井的初步设计文件和施工图设计文件的编制。

吴瑞祥

1966年9月出生，中共党员，正高级工程师，1988年7月毕业于同济大学道路交通工程系公路与城市道路专业，同期被分配到河北省交通规划设计院工作。

社会任职

同济大学校友会河北分会副会长，河北省勘察设计协会交通分会副会长，河北省土木建筑学会结构工程学术委员会副会长。

主持工程情况及荣誉

吴瑞祥同志参加工作30年来，一直从事公路交通相关工作，主持或参与完成科研课题12项，其中1项荣获河北省科技进步二等奖，2项荣获中国公路学会科学技术三等奖，其他获得河北省交通厅一等奖2项、二等奖3项，取得发明专利2项、实用新型专利5项，京沪、石太、京沈高速公路被中国公路勘察设计协会评为中华人民共和国成立60周年公路交通勘察设计经典工程；2011年荣获首届河北省工程勘察设计大师、交通部“中国公路百名优秀工程师”和河北省“三三三人才工程”二层次人选；2015年荣获河北省“五一劳动奖章”。

单位评价

吴瑞祥同志政治思想坚定，始终树立“四个意识”，坚定“四个自信”，坚决维护习近平总书记在党中央和全党的核心地位，坚决维护以习近平同志为核心的党中央权威和集中统一领导，在政治立场、政治方向、政治原则、政治道路上同以习近平同志为核心的党中央保持高度一致。

在实际工作中，吴瑞祥同志以习近平新时代中国特色社会主义思想为统领，认真学习贯彻党的十九大精神，勤勉务实，爱岗敬业，恪尽职守，积极探索，专注于交通行业的创新发展与技术进步，专业技术能力和水平不断提高；主持完成高速公路等勘察设计咨询项目30余项，荣获各级奖励15项；主持完成公路工程相关科研课题12项，荣获各级奖励8项，取得技术专利7项；在国家（省）级正式刊物发表著述10余部（篇）。

不忘初心，牢记使命。踏上新征程，再创新境界。吴瑞祥同志必将在推进京津冀交通一体化、谱写交通强国河北篇章的征途上，做出更加突出的贡献。

勤勉务实，爱岗敬业 恪尽职守，善作善成

吴瑞祥同志1988年7月毕业于同济大学道路交通工程系公路与城市道路专业，同期被分配到河北省交通规划设计院，长期从事公路工程勘察设计工作，历任该院第一测设队副队长、队长，总工办主任，副院长，现任河北省高速公路涞曲筹建处主要负责人。

参加工作以来，他十分重视自身政治思想素质、专业技术能力和综合管理水平的培养与提高，并致力于行业技术进步和创新发展。

1990年，吴瑞祥同志被省直团委授予“新长征突击手”称号；1995年，荣获宋叔华、何少存副省长签发的京石高速公路河北段“先进工作者”称号；1997年，他带领的第一测设队被评为河北省勘察设计先进集体，并被交通部授予“青年文明号”荣誉称号。

2009年，吴瑞祥同志晋升为交通工程专业正高级工程师，并取得国家注册土木工程师（道路工程）资格，后被聘任为河北省工程项目评标专家、河北省发改委工程项目评审专家。

2011年，吴瑞祥同志被评为首届河北省工程勘察设计大师、交通部“中国公路百名优秀工程师”和河北省“三三三人才工程”二层次人选，被河北省交通厅授予“交通运输行业优秀科技人员”称号。

2015年，吴瑞祥同志被河北省总工会授予“五一劳动奖章”。

一、坚定信仰，加强学习，用理论指引方向

理论是行动的基础，要做好本职工作、谋求创新，离不开党的路线方针和科学理论的指引。多年来，他始终坚定理想信念，深入学习马克思列宁主义、毛泽东思想、邓小平理论、“三个代表”重要思想、科学发展观，深入学习党的十八大以来党中央治国理政新理念、新思想、新战略，不断提高马克思主义思想觉悟和理论水平，保持对远大理想和奋斗目标的清醒认知和执着追求，并把学习成果转化为提升党性修养、思想境界、道德水平的精神营养，做到真学、真懂、真信、真用，在胜利和顺境中不骄傲、不急躁，在困难和逆境中不消沉、不动摇。

他熟练掌握、模范执行国家法律、法规和行业规范，秉承全心全意为人民服务的宗旨，坚持原则、无私奉献、严于律己、团结同事；在工作中，自觉遵守科学发展的理念，矢志不渝地追求工程与自然、个体与社会的和谐发展。

二、爱岗敬业，严格要求，对工作求精求实

精益求精的做事风格，让他对每一项工作都全身心投入，并尽最大努力追求完美。他根据项目实际情况，重视项目总体设计，认真分析项目特点、难点和重点，明确指导思想，精心规划、精心组织、精心设计，不盲目追求高标准和高指标，切实提高了设计的内在质量。他勇于开拓和创新，敢于接受挑战，从而取得了一系列优异的成绩。

他曾主持或参与完成国家高速公路网河北段、河北省高速公路网等勘察设计与咨询项目30多个，荣获各级奖励15项，其中部优秀设计二等奖1项、三等奖1项，省土木工程李春奖1项，省优秀勘察设计奖一等奖5项、二等奖3项、三等奖1项，市优秀设计一等奖1项，全国优秀工程咨询成果二等奖1项，省优秀工程咨询成果一等奖1项。

在河北省交通规则设计院期间，作为项目负责人，他主持了河北省内外多个富有挑战性的勘察设计项目，解决了工程设计中的多项重大关键性技术难题。一是主持设计了河北省交通规划设计院第一个省外项目——河南省洛界高速公路洛阳境内南段。二是主持设计了河北省最长的高速公路项目——张石高速公路保定段。三是主持设计了河北省第一条沿海高速公路项目——沿海高速公路秦皇岛至唐山段。四是主持设计了河北省工程地质最复杂的高速公路项目——唐曹高速公路。五是主持设计了河北省桥隧比例最高的高速公路项目——西阜高速公路。他坚持全寿命周期成本理念，注重和加强项目测设事先指导、过程控制和成果审查，使工程设计方案

达到了公众满意，保证了工程项目的适用性和可实施性。张石、沿海、唐曹等项目均获得省优秀勘察设计一等奖。

三、创新驱动，面向未来，对技术不断追求

吴瑞祥同志认真组织并积极参与课题研究和科研成果的推广应用，密切关注国际和国内交通行业前沿技术的发展动态，促进科技成果向生产力的转化，并将新技术、新材料、新工艺应用到公路建设和工程养护当中，提高了设计产品性能，确保了工程耐久性，取得了显著的经济效益和社会效益。

他在国家或省专业核心期刊发表论文 7 篇，参与编写并完成专业著作 2 部和河北省公路工程地方标准 1 项。

他主研的“河北省沿海软土地区路堤荷载下刚性桩复合地基理论与应用研究”课题成果荣获河北省科技进步二等奖。该课题研究了软土的微观结构，通过室内模型试验，分析并得出了不同荷载条件下沿桩长深度桩间土附加应力和桩土应力比变化规律，比较了不同桩距对复合地基附加应力及沉降量的影响，提出了路堤荷载下刚性桩复合地基设计、施工、质量验收及监测的一整套方法和标准。该项成果成功运用于唐曹、沿海高速公路的典型工程路段，解决了沿海地区公路工程建设工期紧、工后沉降和不均匀沉降控制要求严格的问题，取得了显著的经济效益和社会效益。

他主研的“公路桥涵多节三岔挤扩灌注桩技术研究”课题成果荣获中国公路学会科学技术三等奖。该课题研究了多节三岔挤扩灌注桩在公路桥涵基础中的关键技术，理论研究与现场试验相结合，课题研究与工程项目相结合，通过全面理论分析试桩结果，制定出多节三岔挤扩灌注桩施工的设计、施工、检测技术规范。根据该课题研究成果编制的河北省地方标准《公路桥涵多节三岔（DX）挤扩灌注桩技术规程》填补了公路行业的空白。该项成果成功运用于沿海、唐曹、大广高速公路项目建设，共节约工程投资 1 982 万元，取得了较大的经济效益、社会效益和生态效益。

他担任河北省高速公路涞曲筹建处主要负责人以来，积极优化创新设计，先后组织召开施工技术方案及“四新”材料整理上报协调会，整理总结施工技术方案 43 项；“四新”材料整理总结 7 项并推广应用；与中交建冀投公司、技术咨询单位共同制定和推广《桥头零跳车方案策划》《钢波纹管涵施工指导意见》《涞源至曲阳段路基液压夯补强操作规程》《涞曲段雁宿崖互通匝道桥（50 m 钢混组合箱梁桥）施工技术指南》等 18 项施工工艺及指南，其中有 4 项示范工程成果被收录到河北交通投资集团主编的《施工工艺标准化图集》。

为落实将太行山高速公路建设成为扶贫路、致富路、

2017 年 8 月 15 日时任河北省高速公路涞曲筹建处处长吴瑞祥（前排左三）向前来调研的张古江副省长（前排左二）汇报建设情况

2018 年 4 月 20 日时任河北省高速公路涞曲筹建处处长吴瑞祥（前排左一）陪同河北交通投资集团康斌副总（中）调研涞曲高速建设

发展路、旅游路的建设要求，创新和推进开放式服务区设计，在白石山服务区总体布置上为旅游预留适当空间；在充分考虑贾庄服务区功能的前提下，与地方交通相衔接，方便乘客上下、换乘，为土特产品进场展销、促进区域物流和经济发展创造有利条件。

为强化项目建设管控，他及时修正管理偏差，从彩色路面、交安机电、自然和谐、人文景观、绿色服务区五个方面对项目品质提升的相关材料进行大量搜集和整理，并进行现场调研，组织召开筹建处品质提升研讨会，结合当地的人文历史与旅游资源，从植物绿化、景观美化、灯光亮化、交安科技等四个方面，制定了《进一步提升涞曲高速公路绿化、美化、亮化与工程品质，争创太行山高速公路设计典范的方案》。结合项目工程建设，开展“山区高速公路沥青路面主动融雪除冰技术推广应用”“山区高速公路路侧新型护栏应用研究”“寒冷地区高速公路雪雾防治远程控制系统研究”“山区高速公路设施社会共享服务体系研究”等课题研究，为将太行山高速公路修建成精品旅游路、打造“四个示范”现代化品质工程奠定了坚实的基础。

其中，“山区高速公路沥青路面主动融雪除冰技术推广应用及DTC道路相变调温材料”“基于仿生自愈合原理的沥青混合料性能增强关键技术研究”“花岗岩在太行山高速公路沥青路面的应用研究”“山区高速公路高风险路段路侧SA级新型护栏应用研究”四项研究课题被中交建冀投公司批准在在建涞曲高速公路工程试验段运用。

四、主动营造，积极参与，重视企业文化建设

在干好专业技术工作的同时，吴瑞祥同志全力支持和参与单位组织的各项活动，高度重视企业文化建设。

辛勤耕耘，迎来累累硕果。1990年，他被省直团委、交通厅团委授予“新长征突击手”称号；1992年、1993年，连续两年被厅直团委评为“优秀团干部”；1995年，荣获苏叔华、何少存副省长签发的京石高速公路河北段“先进工作者”称号；1997年，他带领的第一测设队被评为河北省勘察设计先进集体，并被交通部授予“青年文明号”荣誉称号；2005年，被评为省交通厅“优秀党员”；2011年，被省交通厅授予“交通运输行业优秀科技人员”称号；2015年，被河北省总工会授予“五一劳动奖章”；并荣获河北省交通规划设计院“优秀党员”称号4次、“先进个人”3次、“双文明职工”4次、“优秀团干部”1次、“优秀团员”3次。

紧张工作之余，他还积极发展个人爱好。在省交通厅、省硬笔书法协会等组织的书画摄影比赛活动中，取得了三等奖2次和佳作奖1次的好成绩。

在担任河北省高速公路涞曲筹建处主要负责人期间，他努力在全处营造“团结、担当、实干、创新”的核心文化理念，在他的带领下，全处干部职工凝心聚力、奋发作为，按计划保质保量完成了省厅、交投集团下达的各项建设任务目标，并荣获交投集团“十佳建设单位”称号、“先锋管理团队”称号、“十佳突出贡献团队”称号，中交建冀交高速公路投资发展有限公司“攻坚克难优秀单位”称号、“品质提升典范工程先进单位”称号、“信息宣传工作先进单位”称号。

吴瑞祥同志作为一名新时代的交通行业工作者，通过自己的不懈努力与不断追求，为行业创新发展与技术进步奉献着自己的光和热。在未来的日子里，他将一如既往地坚持和发扬谋事、干事、干成事的风格和品格，扎根公路交通事业，并为之做出更大贡献。

津石外业

张承高速公路崇礼至张承界段工程勘察

建设地点：河北省
路线全长：101.953 km
设计 / 竣工：2013 年 / 2018 年
获奖情况：2016 年度公路交通优秀勘察一等奖

张承高速公路既是河北省高速公路布局规划“五纵六横七条线”中的“线一”的重要组成部分，也是张家口市高速公路网规划“二横三纵五线”中“第三纵”的重要组成部分。

本项目采用四车道高速公路标准，设计速度分别采用 80 km/h 及 100 km/h，对应路基宽度分别为 24.5 m 及 26 m，路线全长 101.953 km，荷载等级为公路－Ⅰ级。

邢汾高速跨南水北调工程钢管拱桥

建设地点：河北省
桥梁全长：7 098.24 m
设计 / 竣工：2009 年 / 2013 年
获奖情况：河北省优秀工程勘察设计二等奖

邢汾高速公路沙河特大桥主桥跨越南水北调暗渠，交叉角度 34.6°，桥梁全长 7 098.24 m，主跨采用 146 m 钢管拱，小桩号引桥采用 16 × 30+（22+26.5+22）+180 × 30+10 × 27.474 m 预制 + 现浇箱梁结构，大桩号引桥采用 24 × 30 m 预制箱梁结构，下部主桥桥墩采用实体墩，引桥桥墩采用柱式墩，桥台采用肋板台，基础均为桩基。

承德至秦皇岛高速公路秦皇岛段八道河互通

建设地点：河北省
路线全长：99.8 km
设计 / 竣工：2009 年 / 2012 年
获奖情况：部优秀设计二等奖

八道河互通位于边杖子村南，与交叉承秦出海路 S251 的肖营子连接线相接，为一般服务型互通，主要供八道河镇、肖营子镇及迁安市交通流上下高速使用，主交通流方向为八道河—承德方向。交叉承秦出海路 S251 现为山区二级公路，互通通过肖营子连接线与其相接。互通采用单喇叭 B 型方案，主线上跨匝道，环形匝道设计速度为 40 km/h，其余匝道设计速度为 40~60 km/h，所有匝道均采用单向单车道匝道或对向分隔式双车道匝道。

承德至秦皇岛高速公路秦皇岛段后抄道沟大桥

建设地点：河北省
桥墩高度：66.3 m
设计/竣工：2009 年/2012 年
获奖情况：部优秀设计二等奖

该段高速公路主线与后抄道沟交叉，分别设置 12×40 m 和 9×40 m 预应力混凝土连续 T 梁桥跨越，下部结构采用柱式墩、薄壁墩、柱式台及桩基础，交叉角度 90°，为全线最高桥，桥墩高达 66.3 m，设计荷载为公路－Ⅰ级，桥梁宽 26 m，地震动峰值加速度系数为 0.10g。

衡水至德州高速公路衡水至冀鲁界段

建设地点：河北省
路线全长：61.332 km
设计/竣工：2003 年/2007 年
获奖情况：河北省优秀工程勘察设计一等奖

衡水至德州高速公路衡水至冀鲁界段是河北省与山东省连通的重要通道，是国家规划的“五纵七横”12 条国道主干线中的“纵五”的组成部分，是河北省 2020 年高速公路网规划“五纵六横七条线”中“纵三”的重要路段，其实施对完善国家路网、促进国民经济发展具有重要意义。其路线全长 61.332 km，路基宽 26 m，设计速度 120 km/h；设计荷载为汽车－超 20 级，挂车－120 级；按全立交、全封闭、双向四车道高速公路标准建设。

京承高速公路京冀界至承德段新道沟隧道

建设地点：河北省
隧道全长：260 m
设计/竣工：2004 年/2014 年
获奖情况：河北省优秀工程勘察设计一等奖

京承高速公路京冀界至承德段新道沟连拱隧道位于承德市滦平县新道沟村东北，按山岭重丘区高速公路设计，为双洞连拱式双车道单向高速公路隧道。该隧道全长 260 m，属中型隧道。隧道几何标准、净空标准、照明标准、交通工程均按 80 km/h 设计；洞内路面设计荷载为汽车 - 超 20 级，挂车 -120 级。

京张高速公路周家沟大桥

建设地点：河北省
桥梁全长：421 m
设计 / 竣工：1998 年 / 2004 年

京张高速公路周家沟 1 号桥全长 421 m，双幅，跨越天然冲沟，主桥为 2 孔 108 m 上承式钢管混凝土拱桥，为河北省同类桥梁的最大跨径，两侧引桥分别为 3×40 m 和 2×40 m 预应力混凝土梁桥，设计荷载为汽车 - 超 20 级，挂车 -120 级。

青兰高速龙虎河 2 号大桥

建设地点：河北省
桥梁全长：1 957.04 m
设计 / 竣工：2007 年 / 2018 年
获奖情况：河北省优秀工程勘察设计一等奖

该桥梁上部采用 65 × 30 m 预应力混凝土先简支后连续小箱梁，下部 0 号桥台采用肋板台、嵌岩桩基础；65 号桥台采用柱式台、嵌岩桩基础。桥墩采用双柱式墩、嵌岩桩基础、预应力盖梁。桥梁全长 1 957.04 m，交角 90°。

青兰高速南水北调大桥

建设地点：河北省

桥梁全长：119.86 m

设计 / 竣工：2007 年 / 2018 年

获奖情况：2015 年度河北省优秀工程勘察设计一等奖

青兰高速公路高臾支线上跨南水北调主干渠时设置南水北调大桥，斜交角度为 67.5°，根据南水北调中线干线工程建设管理局“一跨跨越渠道全断面”的要求，经多方案比选论证，采用 1 孔 103.2 m 下承式单承载面钢管混凝土简支拱桥，为河北省同类桥梁最大跨径，桥梁全长 119.86 m，设计荷载为公路 - Ⅰ级。

唐山至曹妃甸高速公路南堡互通

建设地点：河北省
路线全长：63.673 km
桥梁全长：120 m
获奖情况：河北省优秀工程勘察设计一等奖

南堡互通位于南堡开发区北侧，是南堡开发区规划东部主干线与唐曹高速公路相交而设置的立体交叉。南堡互通采用主线上跨 A 型单喇叭形式。主线设计速度为 120 km/h，匝道设计速度为 40 km/h。

唐山至曹妃甸高速公路斜拉桥

建设地点：河北省
桥梁全长：120 m
设计 / 竣工：2006 年 / 2008 年
获奖情况：河北省优秀工程勘察设计一等奖

唐山至曹妃甸高速公路在唐海县通岗水库南与旅游公路交叉，交叉角度为 83°，交叉方式采用高速公路上跨方案。该分离式立交桥上部结构采用 45+75 m 单塔单索面预应力混凝土斜拉桥，下部结构采用主塔群桩组合式基础、肋板式桥台、钻孔灌注桩基础。

沿海公路秦皇岛至冀津界高速公路

建设地点：河北省
路线全长：160.236 km
设计/竣工：2004 年 / 2012 年
获奖情况：河北省土木工程李春奖

沿海公路秦皇岛至冀津界高速公路是河北省高速公路布局规划“五纵六横七条线”主骨架中“横三”的重要组成部分，是连通沿海地区的主要通道。本项目采用高速公路标准建设，设计行车速度为 120 km/h，双向四车道，路基宽度为 28.0 m；桥涵设计汽车荷载为公路－Ⅰ级。

承张高速公路承德段

建设地点：河北省
路线全长：99.099 km
设计/竣工：2013 年/2015 年
获奖情况：部优秀设计一等奖

承张高速公路是国家高速公路网二广公路支线——二秦高速的重要组成路段，有效连接国家高速公路网的中大广、京藏公路，是河北省“五纵六横七条线”高速公路布局规划中“线一”的重要组成部分，与“纵一”和“横一”有效连接；通过与公路网衔接，西连内蒙古煤炭能源基地，东达河北省两大港口，形成河北省“东出西联”北部运输大通道。

本项目采用双向四车道高速公路标准，设计速度为 100 km/h，路基宽度为 26 m，汽车荷载等级采用公路－Ⅰ级，路线全长 99.099 km。

张承高速公路张家口段

建设地点：河北省
路线全长：102.008 km
设计 / 竣工：2013 年 / 2015 年

张承高速公路张家口段既是河北省高速公路布局规划“五纵六横七条线”中的“线一”的重要组成部分，也是张家口市高速公路网规划“二横三纵五线”的重要组成部分，同时也是北京外围高速大环线的重要路段，并兼有连通东北、沿海港口与山西、内蒙古西部能源基地的运输通道功能，对构建河北省“东出西联”运输大通道具有重要意义。

张石高速公路蔚县支线

建设地点：河北省
路线全长：30.048 km
设计 / 竣工：2016 年 / 在建

张石高速公路蔚县支线位于河北省张家口市西南部，横向连接河北省高速公路规划的“横五”并行线张涿高速和“纵五”张石高速，是河北省“东出西联”综合交通运输体系的组成部分，是山西北部及张家口南部地区通往北京最便捷的高速通道。

本项目采用双向四车道高速公路标准，设计速度为 100 km/h，路基宽度为 26 m，路线全长 30.084 km，荷载等级采用公路－Ⅰ级。

张涿高速公路张家口段胡家沟二号大桥

建设地点：河北省
桥梁全长：217 m
设计 / 竣工：2010 年 / 在建

张涿高速公路张家口段胡家沟 2 号大桥，上部为 7×30 m 后张法预应力混凝土 T 梁，交叉角度 90°，桥梁全长 217 m；下部结构桥台采用桩基础，桥墩采用柱式墩、薄壁墩，基础采用灌注桩基础。

从 军

1985年7月毕业于沈阳建筑工程学院，获工学学士学位，毕业后被分配至河北建筑设计研究院有限责任公司（原河北省建筑设计研究院）从事电气设计，历任专业组长、主任工程师、专业总工程师，正高级工程师，国家注册电气工程师。

社会任职

2001年起兼任河北省土木建筑学会建筑电气学术委员会主任委员、河北省土木建筑电气技术情报网理事长、河北省电工技术学会常务理事、全国建筑电气情报交流网常务理事、中国照明学会理事、中国建筑学会电气分会理事，主持全省建筑电气行业学术交流及技术进步工作。

主持工程情况及荣誉

主持的部分建筑工程电气设计：①河北艺术中心，获全国优秀工程设计铜质奖；②西柏坡纪念馆改扩建工程，获建设部城乡优秀勘察设计三等奖；③唐山市中心广场，获省建设工程勘察设计一等奖；④石家庄万达广场商业综合体，获省建设工程勘察设计一等奖；⑤河北医科大学综合楼，获省建设工程勘察设计二等奖；⑥石家庄市桥东区税务分局办公楼，获省建设工程勘察设计二等奖；⑦石家庄华润万象城；⑧上海建明大厦；⑨上海新源广场。

主持的部分送变电工程设计：①河北师范大学新校区变配电工程；②河北奥体中心送变电工程；③石家庄万达广场商业综合体送变电工程；④塔坛国际商贸城送变电工程；⑤正定新区石家庄政务办公大楼送变电工程；⑥石家庄宝能中心送变电工程；⑦河北省四院新建电力配套及改造工程；⑧河北经贸大学变配电增容改造工程；⑨石家庄正定国际机场变电所改造工程。

主持的部分智能化工程设计：①河北省国资委办公大楼智能化系统；②河北省电力公司数控中心机房；③河北通信管理局综合业务楼智能化系统；④河北中烟四中心智能化系统；⑤承德喀喇城行宫大酒店智能化系统；⑥沧州市图书馆智能化系统。

主持的部分标准化设计：①《电力控制》，05系列工程建设标准；②《10 kV 配变电所微机综合保护系统》，05系列工程建设标准；③《电力控制》，12系列工程建设标准；④《光电缆工程设计施工及验收规范》，河北省标准；⑤《河北省城市架空线入地改造实施导则》。

单位评价

从军同志1985年大学毕业到河北省建筑设计研究院从事电气设计工作。他勤勤恳恳、任劳任怨30余载，经历了我院快速发展的几个重要阶段，并在几个发展阶段的技术提升中发挥了重要作用，在我院做大、做强、建设区域强院的工作中做出了重要贡献。

从军同志2000年任我院电气总工后，作为电气专业的领头人，是我院电气专业设计质量提高和技术进步的重要保障；在传承、创新、发展方面成绩显著，始终保持我院电气技术与学术在省内的领先地位。从军同志是河北省建筑电气及送变电工程领域的技术权威，主持领导的河北省土木建筑学会电气专业委员会工作在业界为我院赢得了好声誉。

从军同志在工作中勇于创新，在专业化设计促进专业化水平提高方面所做的大胆实践，彻底改变了我院“强电不强、弱电很弱”的局面。他负责组建的智能化设计研究所、机电设计研究所为我院延伸经营探索出了新路。

自传

我1985年7月于沈阳建筑工程学院毕业后被分配到河北建筑设计研究院有限责任公司（原河北省建筑设计研究院）从事电气设计工作。当时的设计院不足200人，大学毕业生很少，因此我的一举一动都备受关注，你还不认识大家，大家就都认识你了。工作后是田文秀工程师带我，她以前在工业院工作，严谨认真，图纸干净，是不可多得的老师。她的言传身教让我受益匪浅，最初的那些年我感觉最大的收获是学会了对技术的尊重。

从毕业一直到1992年，我都是手绘图（叫趴图板），参加了河北会堂、河北省第二医院病房楼的电气设计，这在当时算是比较大的工程，虽然不是专业负责人，但还是收获很大。其间我作为专业负责人参加的石家庄市桥东区税务局办公楼获得河北省建设工程勘察设计二等奖，当时设计获奖不是一件容易的事，着实高兴了一番。1992年，计算机绘图开始进入设计院，记得是7月的一天，我第一次借助计算机出图，也是设计院的第一张计算机图纸，一切还是那么清晰，仿佛就发生在昨天，现在院里的BIM（Building Information Modeling，建筑信息模型）技术水平已是突飞猛进，让人深感技术进步之飞速。

1991年我担任专业组长，1993年任专业主任工程师，2000年任院电气专业总工程师。在这期间，和前辈们一样，我也带新生，在传授知识的同时，也会把从前辈那里学来的严谨认真传给他们，像前辈要求我那样要求他们，我还清楚地记得自己所带的专业组专业技术能力、设计质量一直排在设计院的前列。这个过程使我懂得了传承，体会到了传承在设计院发展过程中的重要性，正是这些传承才保证了我们设计院的发展和进步。

担任专业总工程师后，我分析了院任务的构成种类，有针对性地加强总结，制定统一技措，并在执行过程中不断完善；注重理论学习和技术总结，并将其运用到设计中去，在工作中把设计经验提高到理论高度，最大负荷段计算法、通用化及模块化设计、供电分级的理论观点对设计工作帮助很大。

同性质与不同性质的民用建筑电气负荷变化大，但计算一直沿用工业企业电气设计数据，难以准确计算出其负荷，难以准确确定电缆热效应，造成设计不准确和浪费，变压器选择偏大、缆线截面偏大是常见现象。我通过总结工程设计、分析系统运行数据，并结合近几年变配电所专项设计经验，总结出最大负荷段计算法，分析出一年中最大的负荷时间段，计算该时间段内的各类负荷电流，这样就可以得出较准确的计算结果，再辅以工艺负荷分析法、人流负荷分析法，让负荷计算理论更加完善。负荷计算的准确性对供变电方案的合理性提供了有力支撑，准确的计算让设计更合理、更经济。

电气设计子系统多，区域之间、功能之间、系统之间差异大、牵连多，处理不好会造成整个系统一团糟，且不安全、不可靠、不利于施工、不利于运维。通用化及模块化设计就是把不同变为相同，把复杂变成简单，将大系统变成无数个小系统，通过简化系统使设计模块化、制作标准化、施工装配化、运维简单化，最终实现系统运行安全可靠、运维便捷。在塔坛国际商贸城变电所设计中，22个变电所分成4台变压器一组、2台变压器一组2种形式，每种形式采用相同的变压器、相同的系统、相同的布置，设计、制作、施工等全面简化，为方便运维打下了良好基础。

在变配电所设计工作中，不断接触到供电公司、建设方、施工方、运维方，与不同方的交流使我对供电局技术要求、变配电设施的施工、管理与运维有了深层次的理解。不同环节人的系统评价标准不同，各环节技术人员的技术水平不同，总体上各环节的技术人员水平偏低，尤其运维环节精通电气知识的人员及有操作证的人员非常少，设计规范编制者没有考虑到施工水平、最终用户的运维水平是现行规范的一大不足。从运行管理角度出发，我提出将民用建筑的供配电系统分为三级：第一级为变电级，指变配电所，主要由高、低压设备及变压器等组成，这些设备需具有高压操作能力的电工维护，需要一定理论知识和专业上岗证，变电级要把供电可靠性放在首位，配出系统要具有通用性，尽量配出大回路、标准回路，满足增容不增线；第二级为配电级，指低压配电系统，主要设备为低压配电柜，设备位于分配电室、电气间、电井内，由具有低压操作能力的电工管理和维护，配电级要有通用性、灵活性，兼顾安全性，可以做到线间能调节容量，做足备用；第三级为用户级，指用电系统，包括用户末端配电箱及设备，设计应考虑到可能会由非专业人员操作，所以首先保证安全性，并具实用性。这些在专业的教材和规范中都没提及，但个人认为这些应是电气设计人员进行设计的基础，不了解运行就不会有好的设计。三级配电理论在我院设计工作中的推广，促进了电气标准化设计和模块化设计，简化设计、简化安装、简化运维。在塔坛国际商贸城变电所设计中按照三级配电系统进行设计，模块化的变电所，通用化的回路，受到制造方、施工方、运维方的一致称赞。

伴随着国家经济的高速发展，设计院也有了很大发展，纵观我院近30年的技术进步，我认为经历了两个跨越式发展阶段：一个是1993年浦东开发，我院成立上海分院，加入浦东建设大军；另一个是2000年后大型商业地产兴起，我院承接了许多大型商业综合体设计。我有幸经历了发展全过程并参加了重要的节点工程设计。

我是1993年首批到上海分院工作的，当时正值浦东大开发，先是向华东院这样的大型设计院学习，完成了许多大型工程的设计，从设计观念上、技术上上了一个台阶。首到上海我作为电气专业负责人参加了上海建明大厦的施工图设计——35层超高层建筑综合体，是我院第一次接触该类建筑，无论在当时还是现在其规模和复杂程度都是很高的。1995年我作为电气专业负责人参加的上海新源广场的设计——2栋158 m超高层建筑群，是当时上海十大建筑之一，是目前为止我院设计的最高建筑。

2013年，我院承接了石家庄万达广场工程设计，该工程是一大型综合体，是由大型商业、办公、公寓、五星酒店组成的38万m^2建筑群，与以往设计不同，电气设计涉及业态、招商、装修、运维全过程，是设计理念的更新，设计按照开发进度分成阶段式的作业程序，分阶段出成果。技术的积累在完成设计过程中起到重要作用，学习和吸收让设计更加符合建设方的要求，设计的过程获得了知识，技术获得了提升。

回顾自己从业以来的设计，1998年我作为电气专业负责人参加了河北艺术中心的设计工作给我印象最深，当时的艺术中心设计项目是省内最大的设计任务，是为两年以后开幕的吴桥国际马戏节准备的主会场，由一个大型综合型剧场和一个音乐厅组成。电气设计有许多专业的内容，舞台灯光、音响、调度、对讲、监督及舞台机械控制都是全新的东西，空间复杂、功能复杂、电力运行要求可靠度高，许多东西都是新的，都要从头学习，那时参观和调研占去了大量时间，作为一个多功能剧场兼顾歌舞杂技演出，这在当时和现在都是比较大胆的设想，如何完美地实现兼顾和结合是设计人员要处理的难题；设计中大胆采用新材料KBG管，目前已在工程中普遍应用，用UPS作为大功率应急照明灯的应急电源，新材料、新技术的应用保证了工期和功能，该项目获全国优秀工程设计铜奖。

自己做过的有点跨界的工作是在2008年，在院领导的支持下我负责组建了机电设计研究所，从事变送电工程的专项设计，承接了机场、车站、体育场、医院、大学、剧院、综合体、公共建筑等各种功能的送变电工程设计，并亲自完成了许多大型的送变电工程设计：①河北师范大学新校区变配电工程，是石家庄第一个三电源供电工程，工程接线方案现已成为石家庄电力局三电源接线方案标准，设计时站位较高，考虑了今后增容要求，伴随近10年的校区建设，历经几次增容，主变电所始终满足发展需求；②石家庄万达广场商业综合体变配电工程，是石家庄第一个多电源多计量工程，方案报审过程中为满足供电局要求做了许多方案比选和优化；③塔坛国际商贸城变电所，是目前石家庄用电容量最大的用电工程，大容量、多回路10 kV电源同时运行方案仅此一项，鉴于项目按常规方案10 kV电源供电回路偏多，投资造价高，供电条件也没有那么多供电间隔，通过低压回路根据负荷率自动减载次要负荷从而实现自动联络，说服供电局同意高压回路不再另用设备，采用同时供电方案，节省了大量投资；④石家庄正定国际机场变电所，实行不停运改造，技术难度大，施工要求高；⑤河北奥体中心变电所，6 路 10 kV 电源及自备发电机电源，供电可靠性要求非常高。变配电所专项设计工作的开展，带动了自身和院里的业务水平提高。

科研是设计的支撑，我在工作中还参加了一系列科研活动。其中，“河北省建筑设计院节能住宅实验研究”获省建委科技进步一等奖；“四新四节一环保技术在建筑中的综合应用研究与实践”获省建委科技进步一等奖；2011 年结合石家庄科技研发中心工程开展的两项课题——“太阳能、LED 照明技术在公共建筑的应用研究与示范”“三网融合技术在智能化建筑中的应用研究”通过市级成果鉴定验收，LED 应用研究是国内将 LED 大规模应用于室内照明的最早示范，研究同时解决了室内照明采用点光源和面光源之争，印证了 LED 的节能效果和控制优势，并且采用直流 36 V 配电，该研究无论是在当时还是现在依然领先；“变配电综合屏”申请专利，并协助厂家将专利转化为产品，广泛应用，将电源、信号合二为一的设计理念为广大用户所欢迎。

在标准化设计工作中，作为编制负责人编制了华北五省市 05 系列工程建设标准《电力控制》《10 kV 配变电所微机综合保护系统》、华北六省市 12 系列工程建设标准《电力控制》分册以及《光电缆工程设计施工及验收规范》《河北省城市架空线入地改造实施导则》等规程；参编了《供热计量技术规程》《民用建筑太阳能热水系统一体化技术规程》。

参加设计工作以来的部分获奖项目：①河北艺术中心获全国优秀工程设计铜质奖；②西柏坡纪念馆改扩建工程获省建设工程勘察设计一等奖、建设部城乡优秀勘察设计三等奖；③唐山市中心广场获省建设工程勘察设计一等奖；④石家庄万达广场商业综合体获省建设工程勘察设计一等奖；⑤《电力控制》（05D7）获省建设工程勘察设计一等奖；⑥河北医科大学综合楼获省建设工程勘察设计二等奖；⑦石家庄市桥东区税务分局办公楼获省建设工程勘察设计二等奖；⑧“河北省建筑设计院节能住宅实验研究”获省建委科技进步一等奖；⑨“四新四节一环保技术在建筑中的综合应用研究与实践”获省建委科技进步一等奖。

河北奥体中心

建设地点：河北省石家庄市
建筑面积：360 000 m²

河北奥体中心为大型体育建筑群，我院完成配套设计的河北奥体中心电力工程变压器安装容量为44 750 kV·A。

石家庄华润万象城

建设地点：河北省石家庄市
建筑面积：560 000 m²

本项目为华润集团旗下集合全球顶级配置，汇聚国内外一线高端品牌的大型综合商场，主体 4 栋高层建筑为超 5A 甲级写字楼、公寓等业态；变压器安装容量为 43 000 kV · A，自备两台发电机，设有智能化集成系统。

石家庄正定国际机场

建设地点：河北省石家庄市正定新区
建筑面积：289 000 m^2

本项目结合石家庄正定国际机场一号航站楼改造，将机场现有变电所全部按照不停运原则进行升级改造，技术难度大，施工要求高，变压器安装容量为 22 000 kV·A。

西柏坡纪念馆改扩建工程

建设地点：河北省石家庄市平山县
建筑面积：6 125 m^2

原馆设计于1976年，本次改扩建工程将传统纪念馆改建成为符合现代展出条件的全新纪念馆，密切配合陈展要求改建，陈展照明系统满足了现代化陈展手段的需要。

石家庄科技研发中心

建设地点：河北省石家庄市
建筑面积：54 000 m²

石家庄科技研发中心是一多功能复合类建筑，变压器安装容量为5 700 kV·A。在项目实施过程中，同期开展了两项科研课题："太阳能、LED照明技术在公共建筑的应用研究与示范"和"三网融合技术在智能化建筑中的应用研究"。

河北艺术中心

建设地点：河北省石家庄市
建筑面积：32 059 m^2
设计/竣工：1997年/1999年

河北艺术中心是集2 800座以杂技演出为主体功能并兼顾大型歌舞、戏剧等演出功能的演出厅和980座音乐厅于一体的观演建筑，设有舞台机械、舞台灯光、舞台音响、舞台调度等系统。

正定新区石家庄政务办公大楼

建设地点：河北省石家庄市正定新区
建筑面积：606 300 m²
设计/竣工：2010 年/2015 年

本工程位于石家庄市正定新区，室外自然光线的引入和屋面绿化采用了太阳能聚光传输、光伏发电等技术，变压器安装容量为 21 600 kV·A，设有数字机房系统、智能化集成系统。

河北中烟四中心

建设地点：河北省石家庄市
建筑面积：70 000 m^2
设计/竣工：2009 年/2012 年

河北中烟四中心包括总部办公用房、中心用房等，是石家庄卷烟厂旧厂区改造项目。本项目变压器安装容量为 5 700 kV·A，设有智能化集成系统。

孙景亮

汉族，中共党员，工程硕士，教授级高级工程师，河北省工程勘察设计大师，省委省政府管理“优秀专家”，天津市“五一劳动奖章”获得者，全国水利系统“劳动模范”，河北省水利水电勘测设计研究院原院长，国家注册土木工程师（水利水电工程）、咨询工程师（投资）、水利监理工程师、总监理工程师；具有国际职业经理人、高级项目管理师、特级企业管理师等多项国家注册执业资格。

主持工程情况及荣誉

孙景亮自大学毕业参加工作以来，一直从事水利水电工程规划、勘测、设计和企业生产经营管理工作，工作中坚持学习、精研专业技术，主持完成了河北省位山引黄入冀、南水北调东线、中线引江、南水北调省内配套工程、双峰寺水库、乌拉哈达水库工程以及近年来城市河湖生态治理等多项省部级重点工程项目，其经济、社会、生态效益显著；获全国优秀水利水电工程勘测设计金质奖1项、银质奖2项、铜质奖1项，省级优秀勘察设计一、二等奖8项，省级优秀工程咨询成果一等奖9项。

学术成果

在学术期刊上发表学术论文40余篇，出版《孙景亮水利文集》《云淡风轻》专著2部，主编《河湖生态治理与环境设计》专著1部，合著学术专著2部，参加编制省部级技术标准、规范、规程6部。

单位评价

孙景亮自大学毕业参加工作以来，一直从事水利水电工程规划、勘测、设计和企业生产经营管理工作，工作中坚持学习、精研专业技术，工作成效显著，获河北省工程勘察设计大师、省委省政府管理优秀专家、全国水利系统劳动模范等荣誉称号，在行业中享有较高的威望。他主持完成了河北省位山引黄入冀、南水北调东线、中线引江、南水北调省内配套工程、双峰寺水库、乌拉哈达水库工程以及近年来城市河湖生态治理等多项省部级重点工程项目，其经济、社会、生态效益显著；获全国优秀水利水电工程勘测设计金质奖1项、银质奖2项、铜质奖1项。

孙景亮同志任院长以后，对企业管理锐意进取、求真务实，积极倡导并贯彻“云经营”理念，坚持“四个统一”管理，他所带领的企业队伍和谐、团结、拼搏、进取，获省级文明单位称号，2011—2015年企业财务年总收入增长率均保持在30%以上，职工个人平均收入实现了连年同步递增，成功晋升为国家高新技术企业。他本人获得了2012年度全国勘察设计行业优秀院长、2013年度中国设计行业优秀院长、2014年度河北省工程勘察设计行业优秀院长、2014年度中国建筑勘察设计杰出贡献企业家、2015年度全国诚信经营企业家等多项荣誉称号。

记河北省工程勘察设计大师孙景亮

一

2011 年 10 月 17 日，河北省水利厅中一场别开生面的竞聘演讲会，让人们更多地了解了他。

孙景亮，1956 年 2 月 10 日出生，中共党员，教授级高级工程师。1978 年 7 月大学本科毕业于华北水利水电学院农田水利工程专业，2007 年 12 月三峡大学水利工程专业在职研究生毕业，获工程硕士学位。大学毕业后当年被分配到河北省水利水电勘测设计研究院（以下简称河北院），一直从事水利水电工程的规划、勘测、设计与生产、经营、计划管理工作，先后任规划处副主任、科技副县长、副院长、院长，在副院长的工作岗位上一干就是 14 个年头。

孙景亮说：“我具备了领导这个团队的资格和能力。”话语之中表现出了过人的自信与坚定。

孙景亮认为，河北院是一个事业性质、企业管理型的生产、技术单位，能带领这个千人的队伍进行专业化生产和经营是关键，而正在实施的南水北调工程建设，无疑是河北院发展壮大的最好机遇。

他学的是农田水利工程专业，曾在国家“六五”“七五”期间两度参加国家重点科技攻关项目“华北水资源研究”课题第 38 项和第 57 项的研究，一直担任河北省总课题组的秘书工作，先后协助了四任课题组组长（即张抚存、何树勋、阎庆亮、王流泉四位副总工程师）的工作，两次担任专题研究项目负责人，这段经历对他今后缜密、深钻、细研的工作态度培养起到了至关重要的作用，课题成果获得了多项国家和省部级科技进步奖励。

他在 20 世纪 80 年代中期到 90 年代初期，作为院里最年轻的项目负责人，完成了多项省属大中型项目，为河北院创造了效益、赢得了声誉。

1994 年 11 月，他受河北省委组织部和水利厅选派，到承德市宽城满族自治县政府担任科技副县长，在地方政府工作了 3 年，两次获得国家科委颁发的“科技扶贫奖励基金服务奖”。1997 年 10 月，被任命为副院长、党委委员，先后协助了杨凤臣、顾辉两任院长的工作。当时，河北院生产项目任务艰巨，生产经营形势严峻，他处在重要的生产技术管理工作岗位上，个人的号召力和感染力不断增强，管理能力和执行能力不断得到提升。

他刚上任副院长的岗位，就接管了河北院承担的南水北调中线总干渠工程的前期研究工作，负责从外业地质、勘察、测量到规划、设计等十余个专业的生产组织和技术协调工作，还同时分管设计二处、地质处、勘察处、测量处、石家庄基地等五个处室的工作。在他的主持下，完成了南水北调中线总干渠京石段（应急）供水工程的项目建议书、可行性研究、初步设计和省内配套工程规划以及承德双峰寺、张家口乌拉哈达、邢台青山水库等一大批省内支柱性项目前期研究工作。

近三年来完成的主要项目有：大清河中下游、子牙新河、滦河下游河流等一大批骨干行洪河道治理；上百座大、中、小型水库的除险加固；分洪、滞洪区工程；中小河流整治；农村饮水安全以及承德、唐山、秦皇岛、石家庄、衡水等几座城市的河湖生态整治工程等。

水利厅处级干部竞聘会场座无虚席，但却鸦雀无声。

厅领导、厅机关及厅直单位的副处级及相应级别以上的数百人，在下面交换着默许和信任的目光。

孙景亮继续说：“今天河北院正面临着严峻危机与挑战，在我们面前横亘着一道道难坎需要我们去跨越。作为一个专业技术生产型的企业，院长的岗位关系到全院上千名员工能否和谐相处，能否有尊严、高效而体面的工作，能否幸福的生活以及获取到越来越丰厚的劳动报酬。这个岗位肩负着水利厅领导和上千名员工深情地寄托；他要完成上级领导交给的神圣使命，他要去为广大的干部群众谋福利。”

他引用了古代思想家老子的话：“天之道，利而不害；圣人之道，为而不争。”意思是说，今天的演讲已经让他一展胸中的抱负，心满意足矣。“如是因，如是果”，无论竞聘结果如何，在他内心深处，报效河北院的信念永远不会再改变。

风风雨雨 30 年，与我国改革开放同步，与河北院同舟共济，与数千名职工同呼吸共命运，他责无旁贷！

掌声和鲜花把他送上了院长的岗位。

当时，河北院经济状况不容乐观，随着南水北调中线总干渠京石段（应急）供水工程实施，省内配套工程分布在7个地级市且强手如云，通过招投标程序来选择勘测设计单位，到底花落谁家，仍是未知数。

孙景亮似乎比任何时候都心中有数。凭着他对南水北调的深厚感情，凭着河北院在南水北调工程总干渠勘测设计前期研究和京石段（应急）供水工程勘测设计的良好信誉以及对省内配套工程规划方面的总体把握和做出的突出贡献，舍我其谁?

二

逐渐，了解到他与南水北调有一种别样情怀。

他在《中国南水北调报》举办的“我与南水北调征文”中，这样写道：从想要写一点关于南水北调的文字开始，我的思绪不时地在倒转回放，我的灵魂也不时地在时空隧道中云游……过去的人与事及动人的场景在我的脑海里时隐时现，一些零乱的信息逐渐慢慢汇集起来，就如同茫茫宇宙中的尘埃、水汽在高速的旋转中逐渐形成了无数的星云一样，零乱的信息经过若干相关分析和推演之后，最终在朦胧之中形成了一行行文字。

他深情地写道：我个人的成长和技术的进步与南水北调工程密切相关。仿佛我的血液和肉体与南水北调工程已经具有相同的基因和生物信息，我的技术生命已经不能与南水北调相分离。

他在华北水利水电学院读书的时候，著名的田园教授上农田水利课程时讲到我国要搞南水北调工程，东线工程从长江北岸的江都扬水站提水，输水渠道基本上是沿着古老的京杭大运河航线一路北上，一直送江水到天津卫；中线工程从丹江口水库引水，自流输水到北京，灵秀的江水可滋润北京城。

这对生长于干旱北方的孙景亮来说，当时心里就憧憬着那美好的未来，就像“天方夜谭”一般，闭上眼都有一种虚幻的感觉。1978年大学毕业后，他被分配到当时的河北省根治海河指挥部勘测设计院，也就是现在天津市河北区的河北院规划室的规划四组，组长阎庆亮是1953年河北农业大学农田水利专业毕业的大学生。这是孙景亮第一个近距离接触的权威专家。他参加的第一个工程项目是由阎庆亮任项目负责人的《南水北调河北省（东线）灌区规划报告》的编制。

孙景亮一想到经过1972年华北地区大旱炙烤过的河北中东部平原将要得到长江水的滋润，干涸的南运河又将是波光帆影，干旱的北方地区也将要呈现出江南的风韵，那美妙的心花从内心向外自由地绽放。这时，更让他始料不及的是，亲身参加到南水北调这项宏伟工程的具体规划中，简直就像做梦一样。

1979年3月，孙景亮参加了中国水利学会在天津召开的“南水北调工程规划学术研讨会”。这是一次里程碑式的会议，在这次会议以前，南水北调工程是以水电部为主，主要研究的是东线工程；从这次会议以后转入了东、中、西三条线路的规划论证阶段。

1980年4月，孙景亮又参加了当时由水利水电部的张季农副部长带队，8个部委、4个省市参加的南水北调中线总干渠线路踏勘，孙景亮刚毕业不久，是踏勘队伍中最年轻的技术人员，看着眼前发生的一切，总感觉自己像是从梦境中走出来一般。

三

从1980年开始，我国开始进行全国江河流域补充规划工作。河北省境内7个河系工程规划均由本院牵头负责，机遇再次降临到孙景亮身上。他又参加了阎庆亮工程师负责的黑龙港及运东地区河系规划组，这个地区是海河流域平原区水旱灾害严重、水资源供需矛盾最突出的地区。首先是对流域状况进行踏勘、调研，7月从天津出发，自沧州开始，历时40余天，一直到邯郸结束，河系规划组成员的足迹踏遍了海河流域南系平原的每一个县境的每一条河流。

这次工程踏勘、调研使孙景亮受益匪浅，使他对黑龙港及运东地区由感性认识向理性认识产生了飞跃，充分了解了黑龙港及运东地区缺水的状况，在他的眼里刻下了一些地区因为长期饮用深层地下高氟水，导致青少年满口氟斑牙的揪心情景。

当他见到最终规划报告中供水规划的结论时，欣喜万分：解决该地区水资源供需矛盾的措施是开源和节流相结合，在充分利用和拦蓄地上水，合理开发地下水的基础上，提出跨流域调水方案。

1986—1990年孙景亮负责完成了“河北省平原建闸蓄水规划”，这是河北省根治海河工程以后，在平原地区最大规模的水利投资，计划用10年时间，省财政每年投资2亿元，用于建闸拦蓄当地径流，缓解水资源供需矛盾。该项目大范围地勘察、调研，让孙景亮一方面深刻了解了河北平原地区水资源紧缺的严酷现实，另一方面使他对整个河北平原河流分布和水利工程布局了如指掌。

1991年，河北院安排孙景亮负责“南水北调东线第一期工程河北省补充规划”项目，通过孙景亮认真的组织和积极努力的工作，及时完成了淮河水利委员会、海河水利委员会安排的南水北调东线第一期规划任务。

1992年，受院领导安排，孙景亮又马不停蹄地承担了河北省位山引黄入冀工程可行性研究及工程初步设计工作，当年11月提出可行性研究报告经省计委批准立项后，1993年5月设计成果通过专家组审查后付诸实施。这是河北省实施的第一项跨流域调水工程。在工程设计中他率先提出了引黄穿卫运河的立交方案，后被水利部采纳，有效地提高了引黄入冀水量和水质的保障，其工程的社会、经济、生态效益巨大。

1997年10月，孙景亮在科技副县长的岗位上工作3年后，回河北院挑起副院长的担子。他分管河北院所承担的南水北调中线工程规划设计工作，在主持中线总干渠设计中，他主张在冬季输水对截制、分水工程，要采取保温防冻与融冰并举的设计工程方案，被中线局采纳，并在黄河以北的总干渠设计中推广。一方面极大地提高了冬季输水的保证率和工程景观效果；另一方面极利于输水工程的运行保护和维修，其社会、经济、景观效益显著。

必须强调的是，他还出色地负责完成了“河北省南水北调配套工程规划”，这为河北院在初步设计阶段争取到上百亿元投资的省内配套工程设计及省内配套工程自动化控制任务提供了支撑和保障，也为他上任院长之后力挽狂澜、大刀阔斧地深化改革奠定了基础，更为河北院赢得了发展、创造了先机！

四

河北院深化改革的措施：以生产经营为中心，坚持“立足河北，服务京津，面向全国，走向国际”的经营战略，大力开展“云经营”，实施“四个统一”管理，实现可持续发展。

“四个统一”即在全院推行统一经营、统一计划、统一财务、统一质量的管理。

孙景亮在接受采访时，详细介绍了“云经营”理念提出的来龙去脉。河北院是“云经营”的首倡者，亮点在于彻底摆脱了落后陈腐的观念和计划经济思想的束缚，主动向市场要“蛋糕”；在于将现代科技理论引入现代管理，丰富了现代管理的内涵；在于迅速掀起了一场暴风骤雨式的经营行动，有力推动河北院深化改革迈出实质性步伐。

对河北院来说：

2012年，是设计院经济、生产、经营形势变化、激荡之年；

2013年，抓学习、上管理，生产经营大发展，是设计院实现全面复苏的一年；

2014年，坚持“自我加压，深化改革”，是全面贯彻党的十八届三中全会精神的一年，是实现河北院全面复兴的一年；

对孙景亮个人来说，这一年也是他人生收获之年，在这一年里，他被纳入省委省政府管理的“优秀专家”，被省人事厅和建设厅评定为河北省工程勘察设计大师，被人事部、水利部批准为“全国水利系统劳动模范”；

“你只要真正地付出了，党和人民总是不会忘记你的……”他饱含深情地说；

2015年，坚持规范治院、全面发展，通过进一步加强制度建设、创新发展，企业呈现出风清气正、欣欣向荣的景象，企业经营收入由2012年的1.48亿元上升到2015年的4.56亿元，年递增率在40%以上，企业财务和职工收入连年呈高速同步增长；

2016年3月，孙景亮年届60岁，卸任了院长职务，一直到2018年6月因他仍是企业的法人代表，钟情设计院的他，仍不忘初心，赴延安接受红色革命教育，热情协助设计院的经营、管理工作；他以专家的身份代表河北院积极参加了水利厅组织的水利风景区建设项目专家技术评审；受邀于中国水利学会，积极参与了“中国水之行”活动，作为专家团主席主持了河南修武、天津武清、河北任县及献县、山东临清、山西大同六站活动的专家座谈会；与水利部原副部长王守强、原总工程师何文垣共同赴四川凉山彝族自治州进行水利部精准扶贫深入调研；受住建部中国建筑节能协会立体绿化与生态园林专委会邀请，参与了大量海绵城市建设、城市立体绿化、生态园林景观建设等有意义的学术活动。

孙景亮非常感谢南水北调给河北院带来的机遇，也感谢南水北调成就了他的梦想；同时，他也感到欣慰，河北院深化改革取得成效，为进一步服务好河北水利、南水北调、雄安新区、2022 年冬奥会水源工程建设提供了保障。

孙景亮从儿时起就对水情有独钟，风调雨顺、水旱从人、天蓝水清，兴水利、除水害就逐渐成为他的梦想。他追寻着这个梦想一路走来。

2017 年 10 月为纪念中国共产党建党 96 周年孙景亮赴延安接受红色革命教育

孙景亮参加“中国水之行”河北献县站活动

北京海绵城市国际高峰论坛会议上孙景亮与苏兆贞院士（左 4）、王浩院士（右 4）在成立海绵城市建设联合体开启仪式上

孙景亮与水利部原副部长王守强、原总工程师何文垣共同赴四川凉山彝族自治州进行精准扶贫调研

在赴凉山调研途中孙景亮与水利部原副部长王守强（中）、原总工程师何文垣（右）合影

渠首引黄闸（位山引黄入冀工程引黄河水的入口枢纽工程）

1992—1993 年完成的河北省位山引黄入冀工程，是河北省根治海河工程以后实施的第一项为解决黑龙港和运东地区缺水而实施的跨流域调水工程。其工程实施后 15 年来，社会、经济、生态效益巨大。

水北沟渡槽工程

水北沟渡槽工程是南水北调中线总干渠上一座输水立体交叉建筑物，整个工程修建渠道长 200 多 km，建设各类水工建筑物 400 余座。

唐山环城水系工程

唐山环城水系工程是由陡河、李各庄河、西北排水渠、青龙河、凤凰湖、南湖组成的河湖相通的环城水系工程。孙景亮主持的前期设计坚持生态、自然、环保的理念。

滹沱河石家庄市区段高速铁路桥上游

滹沱河石家庄市区段指南水北调中线总干渠至机场路的23.5 km河段，南岸为石家庄市主城区，北岸为正定县城及正定新区。为了适应城市发展对河道防洪、水生态环境及滨水景观的要求而进行了综合整治设计。

石家庄环城水系东南环渠道

石家庄环城水系东南环渠道工程起自五指渠，北至滹沱河，蓄水面积 272 ha，绿化面积 587 ha，沿河布设胜利、高迁、天河、环山湖等 7 大公园，坚持“城水相依、人水亲合”的现代生态城市理念。

承德武烈河市区段综合整治工程

承德武烈河市区段防洪及水生态综合整治工程，起自避暑山庄，上游至滦河口 12 km，统一规划建设 12 道橡胶坝形成连续水面，配套建设滦河调水工程，修建两岸堤防提高防洪标准，改善了城区生态环境。

桑干河涿鹿县生态河湖工程

桑干河涿鹿县生态河湖工程，一期为县城中段的 4.5 km，规划建设 4 道橡胶坝和 1 道潜坝，营造水面 96 万 m^2，蓄水约 174 万 m^3，加高堤防，整理滩地，疏通道路，建设滨水景观，打造宜居县城。

秦皇岛戴河开发区段综合治理工程

秦皇岛戴河开发区段综合治理工程包括戴河干流和深河段共 6.29 km，主要是通过河道清淤和岸堤、闸、坝及两岸景观工程建设，大力改善北戴河旅游区及近岸海域环境。

滏阳河衡水市区段河道综合整治工程

滏阳河衡水市区段河道综合整治工程，自河东刘庄至大西头闸共 13.75 km，通过河道清淤扩挖、修路、筑堤、护岸，营造滨水景观，打造更加宜居的城市，使具有千年历史的古滏阳河恢复往昔风貌。

菲律宾巴拉旺灌溉工程

菲律宾巴拉旺灌溉工程是与中国农机国际工程公司合作的对外项目。该工程从前期项目研究开始，通过修建泵站，巴拉旺河水流量达12 m^3/s，灌溉了菲律宾北部地区的大片农田，推动了该地区农业经济的发展。

李德春

1962 年 9 月出生，山东省潍坊市人，中国国际工程咨询公司专家、河北省工程勘察设计专家委员会专家、河北省 BIM 技术工作委员会委员，教授级高级工程师，1984 年 7 月毕业于原山东矿业学院采煤工程系，现任中煤邯郸设计工程有限责任公司总经理。

主持工程情况及荣誉

李德春同志自参加工作以来，主持了国家大型煤炭基地规划、矿区总体规划等咨询项目和矿井设计项目 20 余项以及多项大型信息化开发和科研项目，共获得国家能源科技进步奖 1 项，国家优秀工程设计奖 1 项，省（部）级优秀工程设计奖和省（部）级优秀工程咨询奖各 10 余项。

李德春同志为河北煤矿安全监察局安全技术专家、中国国际工程咨询公司专家、《煤炭工程》杂志专家委员会委员、河北省煤炭学会矿建专业委员会副主任，曾两度被评为河北省煤炭工业优秀科技工作者，2014 年评为河北省工程勘察设计大师，2017 年评为中国煤炭行业工程设计大师。

社会责任

李德春同志深入贯彻落实创新、协调、绿色、开放、共享理念，在项目中注重应用新技术，善于设计管理，积极推进设计手段的创新，主持了多项矿井设计项目、大型信息化开发及科研项目，项目投运后，经济效益和社会效益良好。

单位评价

李德春同志爱岗敬业、遵纪守法、恪尽职守、诚实守信、廉洁自律，具有良好的职业道德和社会形象。

李德春同志具备丰富的勘察设计行业专业知识和实践经验，对煤矿设计工作执着追求，崇尚精品。《冀中煤炭基地规划》获 2006 年度煤炭行业优秀工程咨询成果特等奖，《葫芦素矿井项目申请报告》获 2016 年度全国优秀工程咨询成果一等奖。

“煤矿智能辅助设计系统”获 2014 年度煤炭行业优秀计算机软件一等奖，《深埋软岩特大型硐室围岩稳定控制技术研究》获 2014 年度中国煤炭工业科学技术二等奖。该同志在工程勘察设计理论研究和技术创新方面有较高造诣，在煤炭行业和河北省有较高的知名度和良好声誉。

李德春 ○

奋战在当下，思考着未来

本人李德春，1962 年 9 月出生，山东省潍坊市人，经历了 5 年小学、2 年初中、2 年高中、4 年大学共 13 年的学习，1984 年 7 月毕业于原山东矿业学院采煤工程系，毕业后一直在中煤邯郸设计工程有限责任公司（原煤炭工业部邯郸设计研究院）工作，经过 30 多年的不懈坚持和努力，于 2014 年 8 月被评为河北省工程勘察设计大师，2017 年 12 月被评为中国煤炭行业工程设计大师。从一个普通的设计人员成长为设计大师，在工作中经历了从设计人、项目负责人、主任工程师、副总工程师到总工程师的蜕变。随着这些经历和变化，工作理念得到提升，工作成效得到提高。但不管怎样变化，有两点是始终不变的，首先是始终有坚定的政治信念，坚决拥护中国共产党的领导，与党中央保持高度一致；其次是不管在什么岗位，始终爱岗敬业、勤奋好学、尽职尽责、精益求精。

一、初入职场，从为人师表开始，逐渐熟悉煤矿设计业务，从设计人到所级技术负责人

（1）服从安排当了一年电视大学辅导老师，认真精神受到赞扬。

1984 年 8 月，我到煤炭工业部邯郸煤矿设计研究院（现中煤邯郸设计工程有限责任公司）报到，本想尽快到专业处室参加工作，但单位人事处却安排我担任单位所办电大班的辅导老师，理由是我在大学的学习成绩较好。在辅导了半年的普通化学课程后，根据师资情况和学生要求，又做了半年的普通物理课程辅导老师。既然当了辅导老师，就尽量干好，我耐心给学生辅导，在批改作业时尤其认真仔细，总是在学生做错的解算题边，详细地写出正确的解题过程，深受学生好评。

（2）跟设计大师一起从事复杂条件煤矿的设计工作，业务素质迅速提高。

讲课

1985 年 8 月，我来到采矿处从事采矿设计工作，被分到采矿四组，组长是现已退休的国家级设计大师袁世春。袁大师的工作方法、设计理念和言传身教使我受益匪浅，他带领我熟悉基本业务后，指导我参与了开滦集团东欢坨矿井的设计工作。该矿井地质及水文条件复杂，建井期间的涌水量达 3 500 m^3/h。通过参加该矿井的井筒、井底车场、采区设计，掌握了大涌水倾斜近距离煤层群大型矿井设计方法，提升了专业素质。东欢坨矿井项目是我参加工作以来遇到困难最多、收获也很多的项目。我从中体会到，在设计工作中遇到困难不要退缩，只要虚心向水平高的同事请教，共同研究，深入调研，就一定能找到解决问题的办法。

（3）技术水平和协调能力提高，政治觉悟和担当意识增强，走上所级技术管理岗位。

通过开滦集团东欢坨矿井、吕家坨矿井、邯矿集团云驾岭矿井、邢矿集团东庞矿井、峰峰集团梧桐庄矿井等项目的设计工作，我的技术水平和协调能力得到了持续提升，技术质量担当意识逐步增强，政治觉悟快速提升。1998 年，我光荣加入中国共产党，并担任矿井所主任工程师。我养成了技术决策能力和对工作精益求精、专心致志、任劳任怨的品质。

二、走上公司领导岗位，担任副总工程师和总工程师，推动公司技术进步，设计和研发相结合，紧跟行业和国内外技术发展步伐

（1）业务能力再上台阶，从事公司采矿专业技术管理工作。

通过在矿井所主任工程师岗位5年的锻炼，我积累了较丰富的技术管理经验。2003年，公司为加强采矿专业业务建设，任命我为公司副总工程师，专职从事技术管理和业务建设。在此期间，我深入总结公司设计的河北、山西、内蒙古等省区的矿井技术特点、成功经验和不足，组织编制了《矿井设计主要专业质量控制要点》，进一步提升了公司设计质量管控水平。

（2）技术和管理水平大幅提高，走上公司技术管理岗位，从事技术质量、科研及信息化开发应用工作。

经过5年的副总工程师技术管理岗位磨炼，2008年我被中煤集团任命为中煤邯郸设计工程有限责任公司总工程师，分管公司技术质量、科研及信息化工作，并担任公司质量、环境、职业健康安全管理体系管理者代表。新的岗位，新的责任，我深知总工程师所肩负的质量管理、技术创新、信息化开发应用、设计手段变革、人才培养等重任，这几个方面有一项短板就会影响公司的市场开拓和生存发展，必须下大力气抓好。经过10余年的不懈努力，公司设计项目质量持续提升，专利及软件著作权获取和科研成果持续增长，信息化开发应用水平业内领先，设计手段实现质的飞跃，人才培养成效显著，对公司发展起到了支撑作用。

方案讨论

（3）大型现代化矿井设计树立行业标杆，提升公司影响力。

在我担任公司总工程师期间，公司设计并建成投产了内蒙古自治区鄂尔多斯地区葫芦素矿井（新建矿井，立井开拓13 Mt/a）、山西怀仁县柴沟矿井（整合矿井，斜井开拓5 Mt/a）、山西阳泉寺家庄矿井（新建矿井，立井开拓5 Mt/a）、山西朔州东坡矿井（改扩建矿井，斜井开拓8 Mt/a）等一批大型现代化矿井，其设计理念及技术经济指标先进、建设方案因地制宜、装备水平高并与地质条件相适应，在行业内起到了示范和标杆作用。最具代表性的项目为葫芦素矿井，主井装备4个单斗载重50 t的箕斗，实现了大井深（700 m）立井年提升能力超千万吨；副井直径10 m，装备3.6 m宽的特大型罐笼，实现了大型胶轮车的高效升降和运输；工作面长300 m，可推进长度4 500 m的综采工作面，多项技术达到了国际领先水平。

（4）大力研发先进技术，开发信息化系统，推动公司技术进步和设计手段变革。

在抓好质量的基础上，推动公司进行科技创新、技术研发，并将信息化技术应用于公司业务管理的全过程，这也是总工程师的重要职责。

为了解决深部资源开发的井筒支护难题，特别是按现有计算理论和公式计算造成井壁厚度过大的问题（如超千米井筒的软弱含水岩层段，计算井壁厚度可达2~3 m），公司立项并以峰峰集团磁西一号矿井（副井深度1 340 m）为实际项目，对井壁设计新理论进行了研发。

现场检查指导工作

通过对国内外深井支护的调研，对现有井壁设计理论进行追根溯源、深入分析，提出了“井壁与围岩共同承载”的新理论，以第三强度理论和厚壁筒力学原理为基础对新理论的计算表达式进行了推导，得出了能应用于实际工程的井壁厚度设计计算公式。新的井壁厚度设计计算公式在磁西一号矿井井筒支护中得到了应用，在保证井筒安全的前提下大幅减小了井壁厚度，降低了工程造价，缩短了建井工期。

2010 年，为了利用信息化技术促进设计质量和设计效率的提高，我主导策划开发了“煤矿智能辅助设计系统”，该系统包含设计流程管控、工程计算、方案比选、参数化绘图模块，实现了工程设计各专业之间的文件级协同、各专业大型计算的自动化、方案优选和参数化形成图纸成果。2016 年，我策划开发了“知识管理系统”，该系统具备智能检索查询、知识分类、知识上传、知识问答等功能，投入使用后实现了设计手段的深度变革和对“显性知识”及“隐性知识”的挖掘、共享、利用。公司的信息化开发应用水平多年来一直在煤炭设计行业保持领先。

（5）强力推进 BIM 技术应用。

有人形容由二维设计到利用 BIM 技术进行设计就好比 20 世纪 80 年代初由图板手工设计绘图到计算机设计绘图一样，BIM 技术将成为先进设计单位必须掌握的设计技术。到 2020 年，BIM 技术将会在工程全生命周期中得到应用，将会极大地提高工程建设质量、合理降低造价，并提升工程投运后的运维管理水平。

在本人督导下，公司成立 BIM 开发应用管理机构、BIM 团队和配套激励政策，通过应用实践，现已具备多专业 BIM 正向设计协同、深化应用的基础。公司已为中煤建设集团编制了《BIM 一体化应用云系统建设方案》，并依托公司建设了 BIM 云系统总中心和培训中心。在不久的将来，中煤邯郸设计公司必定会成为 BIM 开发应用的先进单位。

三、成为省级和行业工程设计大师，登高望远，重任在肩，义无反顾，奋力前行

（1）设计大师不只是称号，还担负着推动科技进步的重任。

我认为，能被河北省和行业主管部门授予工程勘察设计大师称号，是对我政治素养、技术能力、工作业绩的肯定。但是，获得工程勘察设计大师称号后，更多的不是兴奋，而是感到压力和责任。在今后的工作中，我将为持续推动河北省和煤炭行业的技术进步而更加奋发努力。

工作照

（2）促进公司转型升级和创新发展。

以人工智能、清洁能源、无人控制技术、量子信息技术为主要标志的第四次科技革命已经到来，作为大型设计研究单位，必须走工程设计和技术创新并重、设计和研发深度融合之路，否则将难以实现持续发展。中煤邯郸设计公司将成立以地下工程和智能化为主要研发方向的研究院，提升发展质量，引领行业技术进步。

冀中能源峰峰集团梧桐庄矿井

建设地点：河北省邯郸市峰峰矿区

建设规模：原设计 1.2 Mt/a，技术改造后 2.1 Mt/a

设计 / 竣工：1992 年 / 2001 年

获奖情况：2005 年度煤炭行业（部级）第十二届优秀工程设计二等奖

梧桐庄矿井于 2001 年建成投产，设计生产能力 1.2 Mt/a，2005—2008 年进行了技术改造，将生产能力提高至 2.1 Mt/a。该矿井的设计理念先进，系统布置合理，技术水平达国内同期先进水平，成为许多煤炭企业参观学习的样板。

冀中能源东庞矿井高产高效技术改造

建设地点：河北省邢台市

建设规模：原设计 1.8 Mt/a，技术改造后 2.8 Mt/a

设计/竣工：2005 年/2007 年

获奖情况：2015 年度煤炭行业（部级）优秀工程设计二等奖

东庞矿井于 1983 年投产，设计生产能力为 1.8 Mt/a，从 2005 年开始进行高产高效技术改造方案的论证工作。中煤邯郸设计公司深入优化方案，设计精益求精，技术改造完成后，生产能力达到 2.8 Mt/a 以上，成为冀中能源综合实力第一大矿。

开滦集团东欢坨矿井

建设地点：河北省唐山市丰润县

建设规模：初始生产能力 1 Mt/a，续建生产能力 3 Mt/a

设计/竣工：1985 年 / 2001 年

东欢坨矿井是开滦集团在开滦矿区开平煤田新建的大型矿井，设计生产能力 3 Mt/a。由于矿井地质条件，特别是水文条件十分复杂，矿井建设过程十分艰难，经过 1 Mt/a 简易投产、3 Mt/a 继续建设，最终将该矿井建成为安全高效的现代化大型矿井。

山西省怀仁县柴沟矿井

建设地点：山西省怀仁县
建设规模：3 Mt/a
设计/竣工：2005 年 / 2008 年
获奖情况：2009 年全国优秀工程咨询成果一等奖；2012 年煤炭行业（部级）优秀工程设计一等奖

柴沟矿井是资源整合矿井（将原有的柴沟煤矿、王下庄煤矿、石井煤矿和窑子头煤矿进行整合），设计生产能力 3 Mt/a。设计本着“因地制宜、集约高效”的原则，将该矿井建成为山西省资源整合矿井的样板。

山西省朔州市东坡煤矿改扩建项目

建设地点：山西省朔州市
建设规模：1.5 Mt/a
设计/竣工：2003 年 / 2006 年
获奖情况：2012 年煤炭行业（部级）优秀工程设计二等奖

东坡煤矿为地方煤矿改扩建项目，设计生产能力从 0.06 Mt/a 改造为 1.5 Mt/a。设计本着“充分利用已有设施、最大程度简化系统”的原则，使矿井上下系统非常紧凑流畅，于 2008 年投产后，为地方经济发展做出了贡献。

内蒙古自治区鄂尔多斯市酸刺沟矿井

建设地点：内蒙古自治区鄂尔多斯市

建设规模：12 Mt/a

设计/竣工：2005 年 / 2010 年

获奖情况：2010 年煤炭行业（部级）优秀工程设计一等奖；2011 年国家能源科技进步二等奖

酸刺沟矿井设计生产能力为 12 Mt/a，材料、人员运输采用无轨胶轮车（行驶车辆的缓坡斜井倾角为 6°、长度为 2 300 m，为当时国内最长的无轨运输斜井）；主斜井胶带机宽度为 1.8 m，运量达 4 200 t/h；用两个综采工作面保证矿井生产能力，集约高效；各生产系统的综合自动化水平处于国内同期领先水平。

内蒙古自治区鄂尔多斯市葫芦素矿井

建设地点：内蒙古自治区鄂尔多斯市
建设规模：13 Mt/a
设计/竣工：2010 年/2017 年
获奖情况：2017 年全国优秀咨询成果一等奖

葫芦素矿井设计生产能力为 13 Mt/a，采用立井开拓，井筒深度 670 m。主井、副井为大直径立井，直径分别为 9.6 m 和 10 m。主井装备两对载重为 50 t 的箕斗，为目前国内最大载重箕斗。用两个综采工作面保证矿井生产能力。

新疆呼图壁县 106 矿井设计（平硐开拓，用跨河大桥连接硐口与工业场地）

建设地点：新疆昌吉回族自治州呼图壁县
建设规模：1.8 Mt/a
设计/竣工：2009 年 / 2015 年

106 矿井为新疆生产建设兵团八师 106 团所属的煤矿，地处呼图壁县，设计生产能力 1.8 Mt/a。平硐口和工业场地处于呼图壁河的东西两岸，设计本着“因地制宜、简化系统”的原则，设计了跨河大桥，实现了采区和工业厂区分处大型河流两岸的合理格局。

黑龙江省依兰第三煤矿

建设地点：黑龙江省依兰县
建设规模：2.4 Mt/a
设计/竣工：2015年/在建

依兰第三煤矿设计生产能力为2.4 Mt/a，采用立井开拓，井深700 m。该矿井的水文、瓦斯、构造条件均极为复杂，含煤地层为老第三系，属“三软”地层。在设计过程中多次优化方案，简化井下开拓开采系统，将工作面布置方式由“走向长壁”改为“倾斜长壁”，节省了大量工程量。

冀中煤炭基地规划

建 设 地 点：河北省，包含开滦矿区、峰峰矿区、邯郸矿区、邢台矿区、井陉矿区、蔚县矿区、张家口北部矿区、宣化下花园矿区、平原大型煤田
建 设 规 模：68 Mt/a
设 计 完 成：2004 年
获 奖 情 况：2006 年煤炭行业（部级）优秀咨询成果特等奖

该规划是全国 13 个大型煤炭基地规划之一，于 2004 年完成，用时近两年。冀中煤炭基地涵盖河北省的 8 个矿区和 1 个尚未开发的平原大型煤田，基础情况摸底调研和规划编制难度均很大。在国家、省级相关部门的大力协调和支持下，规划圆满完成，并获得部级优秀咨询成果特等奖。

中煤邯郸设计公司—煤矿智能辅助设计系统

建 设 地 点：中煤邯郸设计工程有限责任公司
项 目 类 型：大型综合性计算机软件系统
开发 / 运行：2010 年 / 2011 年
获 奖 情 况：2014 年煤炭行业（部级）优秀计算机软件一等奖

该系统是一个超大型综合集成软件系统，包括煤矿设计过程的设计协同、流程管控、设计知识管理、工程计算、方案比选、参数化绘图、采矿三维设计和生产计划管理等相关模块，使煤矿设计手段进一步改进，大大提高了设计效率和设计质量。

UDC

中华人民共和国国家标准 GB

P GB 50383-2016

煤矿井下消防、洒水设计规范

Code for design of the fire protecting, sprinkling system in underground coalmine

2016－01－04 发布 2016－08－01 实施

中华人民共和国住房和城乡建设部
中华人民共和国国家质量监督检验检疫总局 联合发布

参 编 单 位：中煤科工集团重庆研究院有限公司
中煤科工集团北京华宇工程有限公司
中煤西安设计工程有限责任公司
北京圆之翰煤炭工程设计有限公司

主要起草人：张 泊 邢国仓 冯冠学 李德春 李奇斌
闫建国 刘 俊 万小青 张孔思 陈 昱
刘珉瑛 李 茜 李德文 张设计 王正辉

主要审查人：李 燕 邹象牟 张之立 张云禄 郭宝德
张铁军

· 2 ·

《煤矿井下消防、洒水设计规范》

编　　号：GB 50383—2016
发布机构：中华人民共和国住房和城乡建设部与中华人民共和国国家质量监督检验检疫总局
发布时间：2016 年 1 月 4 日
实施时间：2016 年 8 月 1 日

本规范是根据住房和城乡建设部的要求，由中煤邯郸设计工程有限责任公司会同有关单位对原国家标准《煤矿井下消防、洒水设计规范》（GB 50383—2006）进行修订而成。

本规范共分 11 章和 6 个附录，主要技术内容包括：总则，术语、符号，水量、水压、水质，水源及水处理，给水系统，用水点装置，水力计算，管道，加压泵站，监测和自控，节能等。

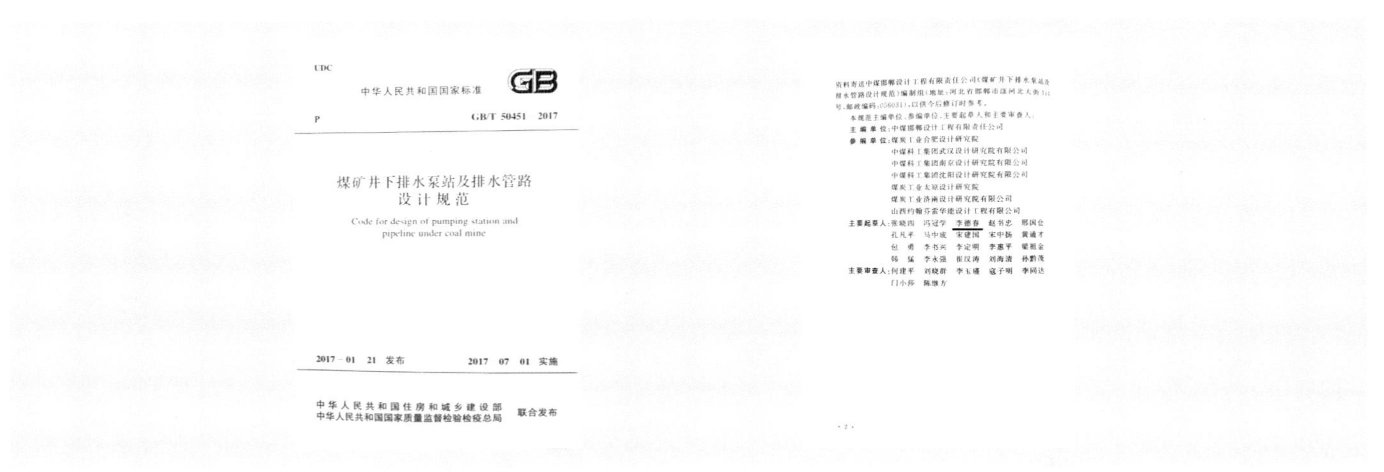

UDC

中华人民共和国国家标准 GB

P GB/T 50451－2017

煤矿井下排水泵站及排水管路
设计规范

Code for design of pumping station and pipeline under coal mine

2017－01－21 发布 2017－07－01 实施

中华人民共和国住房和城乡建设部
中华人民共和国国家质量监督检验检疫总局 联合发布

资料寄送中煤邯郸设计工程有限责任公司《煤矿井下排水泵站及排水管路设计规范》编制组（地址：河北省邯郸市滏河北大街 1［illegible］号，邮政编码：056031），以供今后修订时参考。

本规范主编单位、参编单位、主要起草人和主要审查人：

主 编 单 位：中煤邯郸设计工程有限责任公司

参 编 单 位：煤炭工业合肥设计研究院
中煤科工集团武汉设计研究院有限公司
中煤科工集团南京设计研究院有限公司
中煤科工集团沈阳设计研究院有限公司
煤炭工业太原设计研究院
煤炭工业济南设计研究院有限公司
山西约翰芬雷华能设计工程有限公司

主要起草人：张晓四 冯冠学 李德春 赵书忠 邢国仓
孔凡平 马中成 宋建国 宋中扬 黄通才
包 勇 李书兴 李定明 李惠平 梁祖金
韩 猛 李永强 崔汉涛 刘海清 孙黔茂

主要审查人：何建平 刘晓群 李玉璠 寇子明 李同达
门小莎 陈继方

· 2 ·

《煤矿井下排水泵站及排水管路设计规范》

编　　号：GB/T 50451—2017
发布机构：中华人民共和国住房和城乡建设部与中华人民共和国国家质量监督检验检疫总局
发布时间：2017 年 1 月 21 日
实施时间：2017 年 7 月 1 日

本规范是根据住房和城乡建设部的要求，由中煤邯郸设计工程有限责任公司会同有关单位，在原国家标准《煤矿井下排水泵站及排水管路设计规范》（GB 50451—2008）的基础上进行修订编制完成。

本规范共分 6 章和 4 个附录，主要技术内容包括：总则，术语和符号，泵站形式的选择，排水设备及管路选择，排水设备及管路布置与安装，供配电、控制和照明等。

武洪琳

河北省工程勘察设计大师，中国兵器科技带头人，研究员级高级工程师，现任北方工程设计研究院有限公司总工程师，中国兵工学会先进制造技术委员会委员，全国锻压标准化委员会委员，《现代兵器》杂志编委会委员。1982年获太原重型机械学院工学学士学位，1988年获山东工业大学工学硕士学位。

主持工程情况及荣誉

获得部级科技进步奖1项、国家级优秀工程勘察设计奖1项、国家级优秀工程咨询奖4项、部级优秀工程设计奖2项，在全国性刊物上发表论文9篇，在国际学术会议上发表论文1篇。

社会责任

多年来一直从事兵器工业及机械行业的工程咨询、工程设计、科研工作，具备坚实的理论基础、深厚的专业知识和丰富的实践经验。曾主持完成兵器工业多个重大建设项目的前期论证、工程咨询与工程设计，为兵器工业的建设及发展做出了突出贡献。

单位评价

武洪琳同志多年来一直从事兵器工业、机械行业的工程咨询、工程设计、科研工作，具备坚实的理论基础、深厚的专业知识和丰富的实践经验。曾主持完成兵器工业多个重大建设项目的前期论证、工程咨询、工程设计及科研工作，在先进制造技术、数字化工程、智能制造等领域具有较高造诣，为兵器工业前期论证、科研基础、研发平台、型号保障、技术改造提供了有力支撑，为兵器工业的建设及发展做出了突出贡献。

大师小传

武洪琳多年来一直从事兵器工业及机械行业的工程咨询、工程设计、科研工作，具备坚实的理论基础、深厚的专业知识和丰富的实践经验，在先进制造技术、数字化工程、智能制造等领域具有较高造诣，为兵器工业前期论证、科研基础、研发平台、型号保障、技术改造提供了有力支撑，为兵器工业的建设及发展做出了突出贡献。

在工程咨询与工程设计方面，他曾主持完成军用车辆动力传动基础建设前期论证、北方车辆研究所传动基础建设、北方车辆研究所研发平台建设、北方发动机研究所兵器动力工程技术中心建设、北方发动机研究所动力传动自主研发能力建设、山西柴油机厂 ×× 工程、山西柴油机厂军用柴油机生产线技术改造、兵器试验院 ×× 保障条件建设等多个重大建设项目的前期论证、工程咨询与工程设计，为兵器工业建设及发展做出了突出贡献。

在前期论证、科研基础、研发平台类建设项目中，对各项技术的国际、国内发展状况进行了研究与梳理，分析了国内技术与国际先进水平的差距，提出了切实可行的建设目标、建设思路，突破了传统的刚性建设模式，对需攻克的关键技术进行了分析并形成了完善合理的建设方案，将已形成的条件与新建内容整合，形成了统一的研发体系；在保障条件建设类项目中，对产品研制过程中的缺口进行了分析研究，打通了研制线，满足了产品研制进度，为型号研制提供了保障；在工厂技术改造类项目建设中，对批量生产存在的窄口进行了分析研究，贯彻了精益生产、绿色制造等先进理念，按照内涵式、集约型发展道路，结合企业总体发展规划，将历次技改形成的条件与新建内容进行整合，形成了集成化、柔性化、清洁化的生产系统。

在科研方面，他主持完成了数字化车间工艺设计，对数字化车间的布局与组成、各系统的关键技术、系统间的接口技术等进行了梳理与研究；主持完成了某装甲车辆物流系统分析，通过对全厂生产系统物流进行分析，提出了提高效益的具体措施；参与完成了工业设施系统设计方法与应用研究，对工业设施系统设计方法进行了系统研究，在工作研究、设施规划、生产流程分析、装配线设计、先进制造模式、先进管理技术等领域进行了前瞻性探索，并在具体设计项目中得到了应用。

主持完成的山西柴油机厂 ×× 工程建设项目获全国优秀工程勘察设计铜质奖，山西柴油机厂军用柴油机生产线技术改造项目获兵器工业优秀工程设计一等奖，北方发动机研究所兵器动力工程技术中心建设项目获兵器工业优秀工程设计一等奖。

北方发动机研究所兵器动力工程技术中心

北方发动机研究所兵器动力工程技术中心，占地400亩，建筑面积50 000 m²，项目新建数字化中心大楼、整机实验室、部件实验室等，满足了兵器工业新一代动力基础研发需求，对兵器工业动力的发展具有里程碑意义。该项目获兵器工业优秀工程设计一等奖。

石家庄华润万象城

建设地点：河北省石家庄市
建筑面积：560 000 m^2
设计 / 竣工：2017 年 / 在建
获奖情况：河北省优秀勘察设计一等奖

本项目为华润集团旗下的华润万象城商业，是集合全球顶级配置，汇聚国内外一线高端品牌的大型综合商场。其主体 4 栋高层建筑为华润大厦超 5A 甲级写字楼、公寓等业态。该项目是华润集团在石家庄打造的首席世界级城市综合体。

中冶德贤公馆

建设地点：河北省石家庄市
建筑面积：600 000 m^2
设计/竣工：2016 年 / 在建

德贤公馆是以高起点、高水准、高质量的建设理念，结合石家庄城市发展导向，积极采用“四新四节一环保”新技术，按照二星绿色建筑标准，设计建设生态节能的高档住宅小区。其居住区功能配套齐全，内外空间错落有致，建筑外观流畅、生动，明快、大方，具有时代感，与周围环境协调，使之成为新城区的标志性景观。

石家庄荣盛华府

建设地点：河北省石家庄市
建筑面积：1 350 000 m^2
设计 / 竣工：2017 年 / 在建

本项目规划在空间形态上追求“祥瑞”的中国传统风水的最佳格局，以北、西、东侧高层住宅为屏障，以东南角超高层建筑为文星塔，南侧写字楼低矮且形态生动富于变化，将阳光引入小区，总体方案聚风养气。规划追求豪宅区域占有土地和景观资源的最大化，同时整合四个地块，使之成为一体，力求建成豪宅大城。

石家庄国际城

建设地点：河北省石家庄市
建筑面积：850 000 m^2
设计 / 竣工：2002 年 / 2012 年
获奖情况：河北省优秀勘察设计二等奖

石家庄国际城是分期开发的住宅小区，前后经历了 10 年时间，因此不同地块采用了不同的建筑风格，从法式风情到现代简约，再到具有新古典风格的花园洋房。由于各地块之间由城市道路、公园分隔，不同的建筑风格增加了城市的活力。

河北中烟工业公司“四中心”项目

建设地点：河北省石家庄市
建筑面积：70 000 m^2
设计/竣工：2009 年 / 2012 年
获奖情况：河北省优秀勘察设计一等奖

本工程位于河北烟草有限责任公司石家庄卷烟厂旧厂区，为企业办公建筑，包括总部办公用房、四中心用房、辅助办公用房、生活服务用房以及部分沿街商业等功能空间。建筑融合于城市环境之中，建筑形象典雅厚重。

定州中山博物馆

建设地点：河北省定州市
建筑面积：25 600 m^2
设计/竣工：2014 年/2016 年
获奖情况：全国优秀勘察设计一等奖

中山博物馆位于定州市中心区开元寺塔、贡院等国家级重点文物所在片区，以开元寺塔、贡院为参照点建立东西轴线及南北轴线，实现现代与传统之间的对话。

充分研究周边传统建筑的建构特点，将台地、屋顶、叠涩、纹饰等形式语言，以现代建筑设计手法构建出既尊重传统又彰显时代精神的建筑风貌。

定州是拥有优秀传统建筑技艺的地区，传统建筑中呈现出中国建筑"经典美"特征。本项目以严谨、周正、大方的空间形态，探索具有本土特色的经典表情。

赵彦东 ○

大师自传

本人赵彦东，河北省宁晋县北鱼村人，生在新社会，长在红旗下，是1977年恢复高考后的第一届大学生，对祖国和人民有着特殊的感情和建设祖国、振兴中华的紧迫感、责任感。1982年春天，我毕业于河北工学院公路工程专业，被分配到河北交通学校任教，主要讲授“公路勘察设计”和“桥梁工程”课，任讲师、道桥专业科副科长，培养了1 000多名学生分赴祖国交通建设战线，发挥着重要作用。1991年至今在河北省交通规划设计院工作，从事公路建设的规划、科研、勘察设计、技术指导和技术管理，历任工程师、规划室主任、总工办主任兼副总工程师、总工程师、副院长，1995年被评为高级工程师，2000年被评为正高级工程师。20多年来，我踏实肯干、勤奋敬业，从生产一线到领导岗位，从规划、工程可分析性研究、勘察设计到技术管理、项目主持，完成了40多个高速公路建设项目，得到了多个奖励和荣誉，取得了丰硕的成果和成绩。

一、完成的公路可行性研究主要项目

北京—上海公路河北段（青县至吴桥）141 km（1994年）；唐山—京唐港高速公路82 km（1994年）；北京—张家口公路宣化—冀京界段高速公路79 km（1995年）；

公路勘察设计野外测量调查

公路桥梁维护加固现场

石家庄—黄骅港公路石家庄至辛集段高速公路48 km（1995年）；青岛—银川公路石家庄至山东省界段高速公路182 km（1998年）。

二、完成的公路勘察设计主要项目

京张公路宣化半坡街至下八里段18 km一级公路（1992年）；保定—天津高速公路徐水至雄县段31 km（1995年）；唐山—京唐港高速公路82 km（1996年）；石家庄—黄骅港高速公路石家庄至辛集段48 km（1996年）；京沈公路宝坻—山海关段高速公路199 km（1996年）；石家庄—黄骅港高速公路辛集至衡水界段23 km（1997年）；宣大高速公路127 km（1997年）；丹东—拉萨国道主干线河北怀来（冀京界）至宣化高速公路79 km（1998年）；衡水—德州高速公路61 km（2001年）；丹拉公路宣化—冀蒙界段高速公路99 km（2002年）；青岛—银川公路冀鲁界至石家庄段高速公路182 km（2002年）；邢台—威县至临西高速公路105 km（2003年）；北京—承德高速公路76.6 km（2003年）；邯郸—长治公路更乐—冀晋界段高速公路13 km（2003年）；沧州—黄骅高速公路93.3 km（2004年）；天津—汕头公路河北段高速公路69 km（2004年）；青红公路冀鲁界—邯郸段高速公路94 km（2004年）；保定—沧州（石黄高速）高速公路120 km（2004年）；沿海公路秦皇岛—乐亭段、乐亭—冀津界段高速公路161 km（2005年）；

张家口—石家庄公路石家庄段高速公路77 km（2005年）；石家庄石环公路46 km（2006年）；北京—化稍营公路冀京界—胶泥湾段高速公路93 km（2007年）；青岛—兰州公路邯郸—涉县（更乐）段高速公路91 km（2007年）；大庆—广州公路廊坊段高速公路93 km（2007年）；廊坊—沧州高速公路廊坊段93 km（2008年）；张家口—涿州高速公路张家口段83 km（2009年）；邢汾公路邢台—冀晋界段高速公路46 km（2009年）；秦皇岛—承德高速公路秦皇岛段45 km（2010年）；大庆—广州公路冀蒙界—承德段高速公路176 km（2010年）；邢台—衡水高速公路邢台段120 km（2011年）；承德—张家口高速公路承德段203.5 km（2012年）；北京—蔚县高速公路西段30 km（2012年）；北京—新疆公路张家口胶泥湾—西洋河（冀晋界）段高速公路63 km（2012年）；京昆高速公路石家庄—冀晋界段53 km（2013年）；大广高速公路承德机场连接线6.38 km（2016年）；张家口—承德高速公路崇礼南互通（2018年）；北京新机场北线高速公路廊坊段10 km（2018年）；邯郸—长治高速公路涉县—冀晋界段改扩建13.8 km（2018年）；北京—雄安新区高速公路河北段69 km（2018年）；北京新机场支线高速公路19 km（2018年）。

三、获得的奖励情况

1. 科技进步奖

“青银高速公路冀鲁界—石家庄段行洪通道规模优化研究”科研项目，2003年获河北省科技进步二等奖（第七完成人）；“等应力束技术研究与应用”科研项目，2007年获河北省交通厅科技进步二等奖（第八完成人）；“直接投入法改性沥青混合料路面应用技术研究”科研项目，2008年获河北省交通厅科技进步一等奖（第一完成人）；“桥梁量化检测评估及加固设计关键技术研究”科研项目，2011年获河北省科技进步三等奖（第一完成人）；“道路防排水综合技术研究”科研项目，2011年获河北省科技进步三等奖（第二完成人）；“‘十二五’期间河北省区域协调发展的交通对策研究”科研项目，2013年获河北省交通厅科技进步一等奖（第四完成人）；“适应新农村建设的农村公路发展与对策研究”科研项目，2015年获中国公路学会科技进步三等奖（第三完成人）；“大跨径波型钢腹板PC连续箱梁桥关键技术研究”科研项目，2016年获中国公路学会科技进步三等奖（第三完成人）。

2. 优秀勘察设计奖

石黄公路石家庄至辛集段高速公路设计，2001年获河北省建设工程勘察设计一等奖（第一名）；京沈高速公路宝坻至沈阳段，2002年获全国第十届优秀工程设计项目金质奖；丹东至拉萨国道主干线河北怀来（冀京界）至宣化高速公路勘察设计，2006年获河北省建设工程勘察设计一等奖（第一名）；青岛—银川公路冀鲁界至石家庄段高速公路滏阳新河特大桥设计，2006年获河北省建设工程勘察设计二等奖（第一名）；衡水—德州高速公路衡水至冀鲁界段勘察设计，2008年获河北省优秀工程勘察设计一等奖（第一名）；“公路桥梁上部结构通用图”，2009年荣获全国工程勘察设计行业国庆60周年“作用显著标准设计项目”大奖；邯郸—长治公路更乐至冀晋界段高速公路勘察设计，2009年获河北省优秀工程勘察设计一等奖（第二名）；津汕（威乌）公路冀津界至冀鲁界段高速公路勘察设计，2010年获河北省优秀工程勘察设计二等奖（第一名）；石家庄石环公路（省道S101）勘察设计，2014年获河北省优秀工程勘察设计二等奖（第一名）；石家庄龙泉大桥勘察设计，2014年获河北省优秀工程勘察设计二等奖（第一名）；河北茅荆坝（冀蒙界）至承德公路勘察设计，2015年获交通运输部公路交通优秀设计二等奖（第三名）；承德至张家口高速公路承德段勘察设计，2016年获交通运输部公路交通优秀设计一等奖（第一名）。

3. 其他奖项

石港公路石家庄至辛集段工程可行性研究，2002年获河北省优秀工程咨询成果一等奖（第一名）；青岛—银川公路石家庄至山东省界段预可行性研究，2002年获河北省优秀工程咨询成果二等奖（第一名）；青岛—银川公路冀鲁界至石家庄段高速公路滏阳新河特大桥，获2007年度国家优质工程银质奖（第一名）；北京至上海高速公路被评为中华人民共和国成立60周年公路交通勘察设计经典工程。

四、发表的论文

《高等级公路线形有关问题探讨》发表在《河北公路》杂志，1999年6月入选《中国综合运输体系发展全书》；《复合型缓和曲线分析》，发表在《公路》杂志，1998年1月入选《中国科学技术文库》；《设中间带公路的超高及其计算》发表在《华东公路》1988年第3期；《复合型线形计算及敷设》发表在《中国公路勘察设计》1992年第4期。

五、编撰的著作

合作编著《河北公路建设技术指南》一书，任副主编并执笔编著第三章可行性研究和第八章路线，并编审全书，由人民交通出版社2003年出版发行；合作编著《在役预应力混凝土桥梁检测与量化评估及加固关键技术》一书，由人民交通出版社2011年出版发行；合作编著《道路防排水技术》一书，由人民交通出版社2011年出版发行；主持编撰历史文献巨著《河北高速公路建设实录》，该书客观真实地记录了河北省高速公路从无到有、从条段到网络的30年光辉发展历程，展现了河北省高速公路建设的巨大成就，记载了河北交通人砥砺奋进、勇敢前行取得的辉煌业绩，是一部专业性、史料性、实用性很强的书，2017年10月由人民交通出版社出版发行。

六、解决过的重大技术方案和关键技术难题

成功解决了京张高速“官厅水库南北方案”问题；石黄高速石家庄至辛集段“藁城南北方案”和预留六车道问题；青银高速“低路基”问题；丹拉高速张家口段“利用旧路改造为半幅高速”问题；沿海高速“盐渍土”和“海风浸蚀”问题以及京承、承赤、承张高速“复杂的山区地形选线、特殊的地质处治”问题；邢衡高速穿过“大陆泽”行洪滞洪区问题。这些问题的解决，推动了河北省高速公路的快速发展。

保定至天津高速公路

建设地点：保定—霸州（天津界）
路线全长：104.95 km
设计 / 竣工：1996 年 / 1999 年

本项目位于平原微丘区，双向四车道，路基宽度为 27 m，设计行车速度为 120 km/h，1996 年 8 月开工建设，1999 年 12 月全线通车。

石家庄槐安西路跨南水北调桥——龙泉大桥

建设地点：河北省石家庄市槐安西路
设计 / 竣工：2009 年 / 2013 年
获奖情况：2014 年河北省优秀工程勘察设计二等奖

桥面全宽 52.5 m，桥梁全长 103.2 m。结构为下承式钢管混凝土拱桥，2009 年开工建设，2013 年建成通车。

承赤高速公路承德大庙至东营子段

建设地点：承德大庙—东营子
路线全长：55.8 km
设计/竣工：2011 年/2013 年
获奖情况：2015 年交通运输部公路优秀设计二等奖

本项目位于山岭重丘区，路基宽度为 26 m，双向四车道，设计行车速度为 100 km/h，2011 年 3 月开工建设，2013 年 10 月建成，12 月通车。

承赤高速公路茅荆坝隧道

建设地点：承德—隆化—茅荆坝
隧道全长：6 776 m
设计/竣工：2011 年/2013 年
获奖情况：2015 年河北省优秀工程勘察设计二等奖

隧道全长 6 776 m，隧道净宽 2×10.75 m，分离式双向四车道，属石质山岭隧道，穿越石墨化地层，洞门形式为削竹式，2011 年 3 月开工建设，2013 年 12 月建成通车。

京秦高速公路穿越长城分离立交

建设地点：秦皇岛山海关长城
设计/竣工：1996年/1999年
获奖情况：2002年全国第十届优秀工程设计项目金奖

分离立交采用2×20 m钢筋混凝土梁桥，梁桥外观装饰为长城形式，与雄伟的长城浑然一体，既保护了长城，也与周围环境协调一致。

京秦高速公路宝坻至山海关段

建设地点：北京界—秦皇岛
路线全长：199.31 km
设计/竣工：1996年/1999年
获奖情况：2002年全国第十届优秀工程设计项目金奖

本项目处于平原微丘区，双向六车道，路基宽度为33.5 m，设计行车速度为120 km/h，最大纵坡2.9%，1996年开工建设，1999年建成通车。

京张高速公路鸡鸣驿互通立交

建设地点：河北省张家口市怀来县鸡鸣驿
设计/竣工：1996 年 / 2002 年
获奖情况：2006 年河北省建筑工程勘察设计一等奖

本项目为出入口互通，呈喇叭形，1998 年 11 月开工建设，2002 年 11 月建成通车。

京张高速公路周家沟大桥

建设地点：河北省张家口市下花园周家沟
设计/竣工：1998年/2002年
获奖情况：2006年河北省建筑工程勘察设计一等奖

桥面宽度为2×13 m，桥梁全长421 m，桥跨布置为3×40+（2×108）+2×40 m，上部结构主桥为2孔108 m上承式钢管混凝土拱桥，拱上立柱为钢筋混凝土构件，引桥为40 m跨径先简支后连续预应力混凝土T梁，1998年11月开工建设，2002年11月建成通车。

京张高速公路官厅水库特大桥

建设地点：河北省张家口市怀来县官厅水库
设计/竣工：1998年/2002年
获奖情况：2006年河北省建筑工程勘察设计一等奖

桥面宽度2×13 m，桥梁全长1 846 m。桥跨布置为10×30+（65+10×110+65）+10×30 m，上部结构主桥为一联12孔三向预应力混凝土连续箱梁，引桥采用30 m跨径预应力混凝土T梁，1998年11月开工建设，2002年11月建成通车。

津汕高速公路河北段

建设地点：沧州黄骅—海兴
路线全长：69.068 km
设计/竣工：2004 年/2007 年

津汕高速公路河北段全长 69.068 km，处平原微丘区，双向四车道，路基宽度为 28 m，设计行车速度为 120 km/h，2004 年 9 月开工建设，2007 年 10 月建成通车。

京港澳高速公路藁城服务区

建设地点：河北省石家庄市藁城区
设计/竣工：2011 年/2014 年

青兰高速公路史村互通至涉县东段

建设地点：河北省邯郸市史村—涉县
路线全长：76.43 km
设计/竣工：2007年/2010年

青兰高速公路史村互通至涉县东段，主线全长76.43 km，双向六车道，路基宽度为32 m，处平原微丘区，设计行车速度为80 km/h，2007年12月开工建设，2010年9月建成通车。

青兰高速公路史村收费站

建设地点：河北省邯郸市史村
设计/竣工：2007年/2010年

2007年12月开工建设，2010年9月建成通车。

青兰高速公路邯郸至涉县段龙虎河 2 号大桥

建设地点：河北省邯郸市涉县龙虎河
桥梁全长：1 957.04 m
设计 / 竣工：2007 年 / 2010 年

桥面宽度为 32 m，桥梁全长 1 957.04 m，桥梁结构为预应力混凝土连续梁桥，2007 年 12 月开工建设，2010 年 9 月建成通车。

青银高速公路永安互通立交

建设地点：河北省石家庄市栾城县永安村
设计/竣工：2003 年/2005 年

青银高速公路与新元高速公路交叉、枢纽互通，半苜蓿叶半定向形，2003 年 5 月开工建设，2005 年 12 月建成通车。

青岛至银川高速公路滏阳新河特大桥

建设地点：河北省邢台市新河县滏阳新河
桥梁全长：2 096 m
设计/竣工：2005 年/2006 年
获奖情况：2006 年河北省建设工程勘察设计二等奖；
2007 年国家优质工程银奖

桥面宽度为 28 m，桥梁全长 2 096 m，桥跨布置为 23×30+40×35 m，上部结构采用 30 m、35 m 预应力混凝土连续箱梁、多箱单独预制、先简支后连续体系，下部结构桥墩为柱式桥墩钻孔灌注桩基础，桥台为肋板式桥台钻孔灌注桩基础，2003 年 5 月开工建设，2005 年 12 月建成通车。

青岛至银川高速公路冀鲁界至石家庄段

建设地点：石家庄—清河（冀鲁界）
路线全长：180.9 km
设计 / 竣工：2003 年 / 2005 年

本项目处于平原微丘区，双向四车道，路基宽度为 28 m，设计行车速度为 120 km/h，平曲线最小半径 5 500 m，最大纵坡 2.31%，2003 年开工建设，2005 年 12 月建成通车。

石黄高速公路石家庄东主线收费站

建设地点：河北省石家庄市藁城区
设计/竣工：1997年/2000年
获奖情况：2001年河北省建设工程勘察设计一等奖

石家庄至黄骅港高速公路全长276.7 km，处平原微丘区，双向四车道，路基宽度为27 m，设计行车速度为120 km/h，1997年5月开工建设，2000年12月建成通车。

唐山至京唐港高速公路

建设地点：唐山—乐亭（京唐港）
路线全长：80.215 km
设计/竣工：1996年/2002年

本项目处于平原微丘区，双向六车道，路基宽度为33.5 m，设计行车速度为120 km/h，最大纵坡1.103%，1996年开工建设，2002年全线建成通车。

邢衡高速公路南水北调桥

建设地点：河北省邢台市
桥梁全长：268.5 m
设计/竣工：2011 年/2014 年
获奖情况：2016 年中国公路学会科技进步三等奖

桥面宽度为 2×13.25 m，桥梁全长 268.5 m，桥跨布置为 70+120+70 m，上部结构为单箱单室波型钢腹板预应力混凝土变截面箱梁，下部结构桥墩为矩形实体墩，基础采用桩基础，桥台采用肋板式桥台，基础采用桩基础，2011 年 7 月开工建设，2014 年 10 月交工通车。

宣大高速公路党家沟1号桥

建设地点：河北省张家口市宣化区党家沟村
桥梁全长：480 m
设计/竣工：1997年/2000年

桥面全宽24.5 m，桥梁全长480 m，桥跨布置为42+60+3×92+60+42 m，上部结构采用单箱单室预应力混凝土现浇箱梁，下部结构桥墩采用钢筋混凝土矩形断面墩柱，中间四个主墩与上部结构箱梁刚性连接，采用钻孔灌注桩，桥台采用肋板式桥台，1997年5月开工建设，2000年12月建成通车。

宣大高速公路海儿洼大桥

建设地点：河北省张家口市宣化区海儿洼
桥梁全长：191.6 m
设计/竣工：1997年/2000年

桥面宽度为24. m，桥梁全长191.6 m，桥跨布置为14+138+10+2×8 m，上部结构左边孔（阳原岸）为二孔一联的连续刚构，右边孔（宣化岸）为三孔一联的连续刚构，刚构和悬臂桁架的拱座处立柱及桥台固结与桥墩铰接，下部结构采用空心桥台，明挖扩大基础，1997年5月开工建设，2000年12月建成通车。

张承高速公路前燕窝大桥

建设地点：河北省承德市丰宁县前燕窝
桥梁全长：847 m
设计/竣工：2013 年/2015 年
获奖情况：2006 年交通运输部公路交通优秀设计一等奖

桥梁全长 847 m，桥面宽度为 25.5 m，采用预应力钢筋混凝土连续梁结构，2013 年 4 月开工建设，2015 年 12 月建成通车。

张承高速公路千松坝隧道

建设地点：河北省承德市丰宁县千松坝
隧道全长：4 446 m
设计/竣工：2013 年/2015 年
获奖情况：2006 年交通运输部公路交通优秀设计一等奖

隧道全长 4 446 m，隧道净宽 10.75 m，分离式双向四车道，属石质山岭隧道，洞门形式为明洞式，2013 年 4 月开工建设，2015 年 12 月建成通车。

张承高速公路隆化服务区

建设地点：河北省承德市隆化县
设计/竣工：2013年/2015年
获奖情况：2016年交通运输部公路交通优秀设计一等奖

2013年开工建设，2015年12月交工通车。

张承高速公路承德段大滩K192+500路段植草防护

建设地点：河北省承德市丰宁县大滩
路线全长：203.483 km
获奖情况：2016年交通运输部公路交通优秀设计一等奖

路堑边坡植草防护稳定、自然、协调，使高速公路融入大自然中，美化了环境。承张高速公路承德段建设里程203.483 km，双向四车道，路基宽度为26 m，属山岭重丘区，设计行车速度为100 km/h，平曲线最小半径1 150 m，最大纵坡3.8%，2013年开工建设，2015年12月交工通车。

张承高速公路（承德段）长大纵坡路段

建设地点：河北省承德市丰宁县
设计/竣工：2013年/2015年
获奖情况：2016年交通运输部公路交通优秀设计一等奖

本路段长8 050 m，克服高差215 m，路段平均纵坡2.67%，最大纵坡3.8%，在路段中部及底部设置了纵坡为1.4%和1.3%的缓和坡段，在陡坡路段底部设置了避险车道，2013年开工建设，2015年12月交工通车。

张涿高速公路张家口段连续梁桥

建设地点：河北省张家口市涿鹿县
桥梁全长：310 m
设计/竣工：2010年/2014年

张涿高速公路张家口段全长82.643 km，属山岭重丘区，双向四车道，路基宽度为28 m和26 m，平曲线最小半径为1 000 m和600 m，设计行车速度为100 km/h和80 km/h，最大纵坡为3.926%和3.889%，桥梁全长310 m，上下行路基断面分离，桥面宽度为14 m，2010年3月开工建设，2014年3月建成通车。

张涿高速公路张家口段胡家沟二号桥

建设地点：河北省张家口市涿鹿县胡家沟村
桥梁全长：217 m
设计/竣工：2010 年/2014 年

本项目采用分离式路基桥梁断面，桥梁全长 217 m，桥面宽度为 13 m，预应力混凝土连续梁桥，2010 年 3 月开工建设，2014 年 3 月建成通车。

保定至沧州高速公路

建设地点：保定—沧州
路线全长：120.248 km
设计/竣工：2004年/2007年

本项目处于平原微丘区，双向四车道，路基宽度为28.0 m，设计行车速度为120 km/h，平曲线最小半径2 300 m，最大纵坡2%，2004年11月开工建设，2007年12月交工通车。

京港澳高速公路邯郸收费站

建设地点：河北省邯郸市
设计/竣工：2011年/2014年

大师自传

朱冀军，男，汉族，中共党员，1968 年 7 月 2 日出生，籍贯湖南省双峰县。1991 年毕业于河北工学院公路与城市道路工程专业，同年被分配到河北省交通规划设计院从事道桥设计工作，后在职就读同济大学交通运输工程专业研究生，2004 年获工程硕士学位。历任河北省交通规划设计院测设一队副队长、测设一处副处长、测设二处处长、院总工程师，现任河北省交通规划设计院副院长，注册土木工程师（道路工程）。

工欲善其事，必先利其器，一切成绩的取得，都离不开理论的指导。工作至今，我一直将强化政治理论学习、提高政治觉悟站位放在首位，注重政治理论和实践工作的紧密结合，提升能力素质，强化责任担当，立足工作实际，打造匠心精神，为河北省交通建设做出自己应有的贡献。

一、勤奋务实，勘察设计成果丰硕

自 1991 年参加工作以来，我一直从事交通勘察、设计工作，主持了京港澳高速公路、延崇高速公路等 20 余条近 3 000 km 高等级公路的勘察设计及施工后期服务工作。

工作初始，适逢高速公路在我国发展建设的初始期，我怀揣着工程师的梦想和激情，作为交通战线的新兵，20 世纪 90 年代初有幸参加了早期河北省建设的京石高速公路、京沈高速公路等设计项目。

京港澳高速公路（G4）河北省境内北京至石家庄段，自 1985 年开始前期工作，1987 年开工建设，经历了汽车专用公路、半幅高速公路、全幅四车道高速公路的改变，历时 8 年，1994 年 12 月四车道高速公路建成通车。该项目凝聚了河北交通人在公路建设上的孜孜追求和探索，为我工作初期的成长积累了宝贵的高速公路设计经验。该项目 1991 年获得国家优秀设计银奖。

京沈高速公路（G1）是“九五”期间国家重点建设项目，是中国公路建设史上的一个重要里程碑，是沟通东北地区与华北、华东地区的交通运输大动脉。设计中首次采用 CAD 技术出图，计算机绘图率达到 100%，极大地提高了勘察设计水平和工作效率。该项目勘察设计获得了众多奖项和荣誉。

因在工作初期的突出表现，在广大干部、职工的关心和认同下，1996 年 10 月我被任命为院测设一队副队长。

2000 年基本为河北省高速公路勘察设计的空档年，我带队远赴辽宁省参加了沈阳至大连高速公路四车道变八车道改扩建项目的勘察设计工作，该项目为国内早期最长里程的改扩建工程。此项目的经历为主持后期改扩建项目的设计积攒了宝贵的经验，项目出色完成后，我被任命为测设二处处长。

21 世纪初，高速公路建设开始进入河北省的山区，围绕河北省燕山山脉和太行山山脉的项目在紧锣密鼓地开展和建设中。本人先后带队完成了京承高速公路、张石高速公路和邯长高速公路等山区项目。

京承高速公路（G45）是沟通华北与东北及内蒙古中东部地区的重要运输通道，是北京通往承德的最快捷路径。此项目首次在河北省设计高速公路隧道 7 座，其中 3 座为连拱隧道。此项目荣获 2009 年度河北省优秀工程勘察设计一等奖。

张石高速公路（G9511）涞水互通至涞源东枢纽互通段工程的建设，极大地缓解了京藏高速进京、出京方向的拥堵局面，带动了河北西部经济腾飞，为河北省西部经济欠发达的地区带来了快速发展的机遇。该项目获得中国公路勘察设计协会 2016 年度公路交通优秀设计二等奖。

2005 年，本人带队开展了京港澳高速公路（G4）河北境内涿州（冀京界）至石家庄段四车道扩建八车道的方案研究和勘察设计工作，开创了河北省改扩建工程建设的先河。该项目获得中国公路勘察设计协会 2016 年度公路交通优秀设计一等奖。

2008 年年底，我被任命为院总工程师，就任总工的 10 年间，作为院技术总负责人，负责全院的技术总体方案和质量把关，主持了张承张家口段、太行山邢台段、太行山邯郸段、延崇河北段、津石河北段等 10 余条高速公路勘察设计工作，组织了各项目路线总体方案审定、外业中间检查和验收工作，并且还经常带领院内专业技术骨干深入测设现场进行方案分析、论证，对各项目的主要工程方案、技术难点等均做到心中有数，各项目集结了院项目总工和主要技术管理人员的智慧，从而达到了控制项目总体质量的目的。就任总工期间，院综合设计水平得到了进一步提升，达到了公众满意，并收获了诸多荣誉。

二、科技引领，技术创新扎实有效

作为院总工程师，我还负责院科技研发和相关科研管理工作，进一步加强了课题研究和科研成果的推广应用。并密切关注交通行业前沿技术的发展，特别是钢桥在公路中的研究应用、长寿命耐久性(废旧橡胶)路面的研究应用、高速公路大数据路网监测养护等，注重积极促进科技成果向生产力的转化，努力将新技术、新材料、新设备应用到公路建设和养护工作之中，提高工程科技含量，确保工程的耐久性，取得了显著的经济效益和社会效益。本人还被评为河北省交通运输行业优秀科技管理者。

本人主研的“复杂地区高等级公路土工结构物可靠性设计理论研究”课题达到国际先进水平，获河北省科技进步二等奖、河北省住房和城乡建设厅科技进步一等奖。该课题围绕路基设计稳健可靠性度量与安全系数、稳健可靠性优化设计等问题，建立了一种基于凸集的非概率可靠性模型，为结构稳健可靠性评估提供了理论支持；建立均值、非概率和区间三种结构安全系数的函数关系，对安全系数与非概率可靠性度量进行了探讨；建立了以结构质量为目标函数，以位移、应力混合可靠性指标为约束条件的结构可靠性拓扑优化模型，为同类问题的研究提供了有益参考。

本人主研的“山区公路纵向桥桥台冲刷机理试验研究”课题达到国际先进水平，获河北省科技进步三等奖、河北省交通运输厅科技进步一等奖，为部颁标准《公路工程水文勘测设计规范》的编制提供了依据。另外，“突发性交通地质灾害监测与应急决策地理信息系统研究”获中国地理信息科技进步三等奖和河北省交通运输厅科技进步一等奖，“公路涵洞CAD集成系统研究”获河北省交通运输厅科技进步一等奖。

以上研究为交通行业勘察设计及地质灾害监测、防治与应急决策管理提供了技术支持。

还主持完成1部交通运输部颁行业规范的编制，1部交通运输部颁行业细则的复审和修编工作；主持完成4部河北省地方标准的编制工作；并取得国家专利3项、国家计算机软件著作权1项、国家实用新型专利7项；作为主要参编人编著著作1部（中国铁路出版社出版，70余万字），负责完成《河北省高速公路勘察设计标准化指南》的编制，出版专著3部，在专业核心期刊发表论文10余篇。

三、科学管理，注重团队精神打造

在技术业务水平提高的同时，注重团队建设。多年来为我院争取国家和河北省财政、河北省科技厅和交通运输厅等科研、规范研究和编制财政经费上千万元。

2015年组织完成了博士后科研工作站和院士工作站协助申报工作，并获得批复。2015年9月人力资源和社会保障部、全国博士后管理委员会批准在我院设立博士后科研工作站；同期中共河北省委组织部、河北省科技厅、河北省科协批准在河北交通投资集团公司设立院士工作站，秘书处设在我院，负责日常管理。

2017年组织完成了交通运输部公路建设与养护技术材料及装备行业研发中心的认定申报工作，并获得批准。

本人还被聘任为中国公路学会交通史志与文化工作委员会委员、河北省公路学会常务理事、中国土工合成材料工程协会理事、全国专业标准化技术委员会委员、中国遥感应用协会会员等。

辛勤的耕耘，迎来累累收获，由于表现突出，2013年被评为河北省“三三三人才工程”第二层次人才，2017年获得河北省政府特殊津贴专家资格，2017年被评为河北省工程勘察设计大师。

成绩的取得体现了河北省交通人无限的智慧和无私的奉献，我将不懈坚守，为交通事业发展做出更大贡献。

京沈高速公路（G1）宝坻至山海关段

本项目是国家“九五”重点工程，是交通部规划的 12 条国道主干线的重要组成部分，是华北连接东北三省公路网的主骨架。项目建设里程 199.31 km，双向六车道，设计行车速度为 120 km/h，路基宽度为 33.5 m，设计桥涵荷载为汽－超 20，挂－120。

沈阳至大连高速公路改扩建工程

本工程是中国第一条八车道高速公路，全长 375 km，灯塔互通立交，为避免地方铁路的干扰，在与主线交叉的狭窄空地范围采用 Y 形互通形式，互通立交相关匝道设置紧凑，节约占地。

张石高速公路（G9511）

张石高速公路（榆林互通至涞源东互通段）是河北省高速公路建设“十五”规划的重要组成部分。项目建设里程 110.702 km，双向四车道，设计行车速度为 120 km/h 和 100 km/h，路基宽度分别为 28 m 和 26 m。

京承高速公路（G45）

京承高速公路是国家高速公路网规划中大庆至广州高速公路的重要路段，是承德“一环八射”高速公路网的重要组成部分。项目建设里程 76.709 km，双向四车道，设计行车速度为 80 km/h，路基宽度为 24.5 m。

保津高速公路（G18）

保津高速公路是连接天津和河北的重要通道，该高速公路建成通车之日是河北省高速公路通车里程突破 1 000 km 大关之时。项目建设里程 104.95 km，双向四车道，设计行车速度为 120 km/h，路基宽度为 27 m。

保沧高速公路（G1812）

保沧高速公路（崔尔庄至保定段）是河北省高速公路网的重要组成部分，是河北省第一条民营资本参与投资建设和运营管理的高速公路。项目建设里程 120.248 km，双向四车道，设计行车速度为 120 km/h，路基宽度为 28.0 m。

青兰高速公路（G22）

青兰高速公路史村互通至涉县东段是国家重点公路“横五”的重要路段。项目建设里程 88.248 km，主线为双向六车道，设计行车速度为 100 km/h 和 80 km/h，路基宽度分别为 33.5 m 和 32 m；支线为双向四车道，设计行车速度为 120 km/h，路基宽度为 28 m。

京港澳高速公路涿州（冀京界）至石家庄段（改扩建）（G4）

京港澳高速公路是河北省中南部地区连通北京，进而沟通东北、华北和华中地区的重要通道。项目建设里程 224.678 km，其中改扩建 185.843 km，新建 38.835 km，均采用双向八车道高速公路标准建设，设计行车速度为 120 km/h，路基宽度为 42 m。

张涿高速公路张家口段（G95）

张涿高速公路是北京市高速环线的重要组成部分，可有效打破西北地区能源及矿产物资出海的交通瓶颈，带动张家口和保定地区的经济发展。项目建设里程 82.643 km，双向四车道，设计行车速度为 100 km/h 和 80 km/h，路基宽度分别为 28 m 和 26 m。

张承高速公路张家口段（G95）

张承高速公路张家口段是北京市高速环线的重要组成部分，对加快环首都经济圈建设、促进京津冀经济一体化、带动沿线旅游业的发展具有重要意义。项目建设里程 102.014 km，双向四车道，设计行车速度为 80 km/h 和 100 km/h，路基宽度分别为 24.5 m 和 26.0 m。

延崇高速公路河北段

延崇高速公路是2022年冬奥会期间连接延庆和崇礼两个赛区的公路主通道，是全国第一批绿色公路典型示范工程、新一代国家交通控制网和智慧公路试点，还是科技示范路，致力于打造品质工程。项目主线建设里程81.552 km，双向四车道，设计行车速度为80 km/h和100 km/h，路基宽度为26 m。

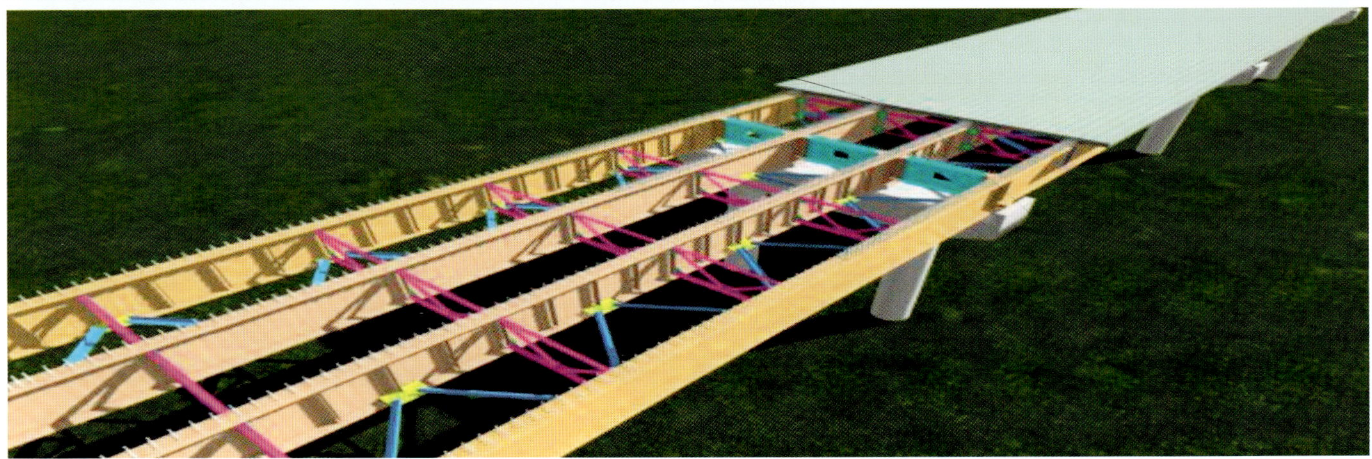

钢结构桥梁研究

我院钢桥基础研究和钢桥推广始于 2015 年，开展了“钢 - 混凝土工字组合梁桥”等技术研究，编制了相关组合梁通用图，在曲港、太行山、延崇、迁曹、津石等多条高速公路项目中得到应用，用钢量达 20 万吨。

张 骐

1966 年出生，汉族，中共党员，1988 年毕业于河北建筑工程学院，并在清华大学动力工程领域专业进修研究生学位，正高级工程师，国家注册公用设备工程师，河北华热工程设计有限公司董事长兼总经理，河北省工程勘察设计咨询协会常务理事，河北省城镇供热协会副理事长、专家委员会主任，河北省燃气协会副秘书长，《河北燃气与供热》杂志副主编，中国电机工程学会热电专业委员会供热装备工作委员会副主任委员。

主持工程情况及荣誉

主持的承德市双滦区集中供热工程设计获得国家优秀工程设计铜奖，承德市南市区集中供热蒸汽管网工程设计、张家口市桥东区集中供热工程设计、世行贷款邢台市余热利用集中供热项目等多个项目获得省级勘察设计一等奖、河北省咨询成果一等奖等多个奖项。

学术成果

河北省工程勘察设计大师，河北工程勘察设计行业优秀企业家（院长），承德市首届十大杰出青年，承德市技术拔尖人才，承德市优秀城市规划设计师、高级项目管理师，承德市第三批新世纪学术、技术带头人，承德市杰出人才。先后参加了《城镇供热直埋热水管道技术规程》（CJJ/T 81—2013）等多项国家标准、规范的编制，在《石油工程建设》《煤气与热力》等国家核心期刊发表多篇论文，并获得多个国家专利证书。

单位评价

张骐同志是伴随着国家改革开放成长起来的优秀企业家、设计大师，胸怀理想，志存高远，把“为人类环境可持续发展做出贡献”作为使命和目标，不忘初心，砥砺前行，为城镇供热事业的快速发展做出了突出贡献。

他善于学习，紧盯时代最前沿的科技信息，把握行业科技发展的主旋律，不断为自己和企业注入新鲜能量，不断获取和研究行业的新知识、新技术。近几年，他顺应国家政策及行业发展，对新能源供热等领域展开研究，积极推动地热源、煤改电、太阳能供热等清洁能源供热形式，并取得了重要成果。

多年来，张骐同志始终把控行业发展的大势，从分散小锅炉供热到热电联产，从热电联产到互联网 + 供热，再到新能源供热，始终走在行业发展的前端，并积累了丰富的理论和实践经验，成为引领行业科技发展的带头人。

张 骐 ○

大师自传

本人张骐，于1988年7月毕业于河北建筑工程学院，先后在承德市供热筹建处、供热厂、热力集团工作，曾任技术员、技术科科长、副总工程师、热力设计所所长等职，2000年9月至今在河北华热工程设计有限公司担任董事长兼总经理。

自参加工作以来，我始终致力于城市集中供热事业，将自己的一腔热情和才智毫无保留地贡献给供热事业，为城市环境净化、能源高效利用、人们生活改善、大气质量提高贡献力量。我先后获得了国家级设计奖1项，省级勘察设计一等奖4项、二等奖14项、三等奖11项。1992年，我被共青团承德市委、承德市青年联合会评为“承德市首届十大杰出青年”；2004年，被河北省新世纪“三三三人才工程”领导小组评为河北省新世纪“三三三人才工程”第三层次人选；2006—2018年，连续三届被中共承德市委、承德市人民政府评选为“承德市专业技术拔尖人才”；2008年，被河北省墙改节能领导小组评选为“年度先进工作者”；2011年，被承德市人民政府评选为“承德市优秀城市规划设计师”；2014年，被河北省工程勘察设计咨询协会评选为“2014年度河北省工程勘察设计行业优秀企业家（院长）”；2016年，被河北省评标专家认证管理办公室聘请为“河北省统一评标专家库评标专家”；同年，被河北省城镇供热协会评选为“年度先进个人”。此外，我还参加编制了国家工程建设标准《城镇供热直埋热水管道技术规程》（CJJ/T 81—2013）、《城镇供热用焊接球阀》《城镇供热保温管网系统散热损失现场检测方法》《城镇供热用双向金属硬密封蝶阀》，发明专利10余项，在国家核心期刊发表专业论文30余篇。

我的成长历程始终围绕集中供热事业的发展，从最初的技术员成长为行业设计大师，在自身专业水平不断提高的同时，也为集中供热事业做出了巨大贡献。

一、携初心前行，炼意志，劳筋骨，明晰使命（1988—1992年）

承德作为国家历史文化名城，因空气污染严重程度为伦敦烟雾事件3倍而被国家媒体报道，引起国家的高度重视，直接拨款并技术支持，建设承德市集中供热项目。项目筹建初期，适逢我大学毕业，即投入到了集中供热项目建设中。该项目由国家机械部设计院设计，因为当时承德交通不便，设计院的老专家不便经常来现场，碍于工期紧迫，工程建设期间，设计院授权我进行方案设计，从热源厂、管网、各换热站建设施工、路线勘察、技术变更、工程协调、现场服务到工程大会战，我都参与其中，并迅速成为技术骨干。工程后期，白天要盯现场、跟进度，常常是从早7点到晚12点工作，晚上还要绘图做技术变更，通过两年的筹建，承德市集中供热工程取得了圆满成功，1990年冬季正式投入运行。承德市的空气污染得到了根本性的改善，天空变蓝了，老百姓的生活质量得到了提高。承德市集中供热事业的建设也让我从中得到了锻炼和提升，把自己所学的知识全面运用到供热实际工作中。我是幸运的，大学毕业之初我便接触到了工程从设计、施工到现场管理等全过程咨询管理工作，虽然辛苦，但这种经历让我迅速成长，并让我的目标更加明确。4年来，我通过参加工程建设和生产运行，提高了技术水平，积累了丰富的经验，从一个青涩的只懂书本知识的大学生蜕变为一个拥有扎实专业知识和丰富施工、运行、管理经验的技术人员。突出的工作成绩让我得到了各级领导的肯定和认可，我连续两年被评为市政府先进个人，1992年还获得了承德市首届十大杰出青年的荣誉称号。事业上的良好开端给我带来了更大的信心和动力，并逐渐形成了“辛苦我一人，温暖千万家”的价值观，让我更加明晰能源可持续发展的使命。

二、开拓创新，勇攀高峰，产、学、研多措并举，引领行业不断前行（1993—2000年）

20世纪90年代初，全国北方的集中供热项目仍处在行业发展初期，大面积集中供热系统的整体运行、控制管理及与气温的联动调节、分户计量、建筑节能还处在空白阶段。为了更好地推广集中供热事业，促进行业创新工作，节能减排，保护环境，我组建了热力工程设计所，大力发展集中供热事业，联合工程技术学院、产品制造企业进行技术攻关，取得了多项技术成果，填补了多项空白，推动了热力事业创新发展，并获得了多项省级科技奖。其间我曾出访北欧国家，学习他们的先进技术，在清华大学研究生院动力工程领域专业研究生课程进修班学习 2 年，以提升基础理论能力。

我早在 1997 年就开始研究利用低真空循环水再利用技术，率先在承德、邢台推行，利用循环冷却水供热，投资少、经济、安全、供热质量好，其中“C6-3.43/0.981 型汽轮发电机组低真空运行循环水供热”获得 1999 年度河北省科技进步二等奖。2000 年与清华同方合作研究水源热泵的推广，在节能方面取得了可观的经济效益。同时，引进应用集散控制系统，通过计算机技术，应用于热网系统远程监控和调度以及无人值守换热站设计和运行管理等，既提高了供热管理的现代化水平，又节省了大量的人力、物力，取得了良好的社会效益和经济效益，为此“城市集中供热计算机监控系统”获得 1999 年度河北省科技进步一等奖。与华南理工大学合作研究、应用、推广分布式能源梯级利用等新技术，实施煤改气工程，都取得了较好效果。在河北省率先推行建筑节能、分户改造和计量供热技术，并被国家建设部树为典型在全国予以推广。

科学创新是发展的源动力，全世界集中供热历史不到 200 年，我国的集中供热是伴随着改革开放发展起来的，是一个新兴行业，根据我国的国情，城市大，人口密集，热源的热负荷和管网容量没有可借鉴的现成案例，同时涉及大气污染和能源消耗等相关要求，必须进行大量的技术攻关，需要大量的技术创新支撑发展，设计院就成为供热技术创新的先行者，设计要根据不同城市、不同区域的需求和情况，采取不同的技术手段，我所带领的设计团队填补了很多国内设计技术空白，引领了行业发展。

三、不忘初心，牢记使命，砥砺前行，推动热力行业不断发展（2000 年至今）

随着国家改革开放的逐步深入，2000 年设计所升级为设计公司，我的事业也从设计、生产运行转为主要从事设计研发工作。2000 年根据政府的要求，我所带领的设计团队扶持援建了承德县区集中供热项目。我带领设计公司人员，先后完成了多个县区的集中供热从投资、可研、立项、设计、施工管理到运行调试等全过程建设咨询工作，锻炼了一大批全过程咨询设计管理技术人才，并为承德市供热事业做出了突出的贡献，形成了较大规模的集中供热模式，推动了公用事业的发展。同时，积极响应政府送温暖工程，用减少分散锅炉数量、提高锅炉热效率、节约燃煤用量，减少三废排放，从而达到节能减排的最终目标。2000 年我公司与清华同方人环工程公司合作进行水源热泵项目的研究和推广，在节能方面取得了可观的经济效益。随着技术的不断创新和发展，从 2003 年开始走出河北至今，我所带领的设计团队晋升热力甲级资质，成为行业的领军团队。我先后设立北京、石家庄、河南、山西分公司及天津、内蒙古、黑龙江办事处，扩大市场占有份额，业务范围由省内、边缘城市迅速发展到全国22个省市。设计队伍也发展到了现在的200余人，在全省成为热力专业甲级规模最大的设计院，为节能减排、环境保护、人民生活幸福做出了巨大贡献。

2006 年，由我主持设计的“承德市双滦区集中供热工程”获得了全国优秀工程设计铜奖，这一荣誉填补了承德市在设计行业里没有国家奖的空白。这一年，由于贡献突出、成绩显著，年满 40 岁的我当选为中共河北省第七次党代会党代表，被评为承德市第十一批专业技术拔尖人才，奏响了不惑之年的华丽乐章。我以创新为基点，一次次挑战行业空白及先端，完成全国首个最大 DN1400 无补偿直埋管网设计，设计了国内最大的容量 116 MW 循环流化床锅炉热源工程，最先设计了高差达 110 m 的高落差直径达 1 m 的高温一次热水管网工程。

随着公司的发展和业务范围的扩大，我愈发感到质量、品牌、信誉是企业生存和发展的根本。于是，我们把“做一个工程立一块丰碑，做一个项目打开一片蓝天”作为设计理念并努力践行，紧跟国家倡导的节能、环保、新能源综合利用等新政策，设计出具有华热特色和灵魂的设计作品，这些设计成果，既受到了客户的好评，也打造了公司的品牌形象，助推了行业的科技进步与发展，主要项目如下。

2008 年，承担的承德市南市区 DN700 蒸汽管网工程，工程难点是在武烈河河底横跨三处 300 延长米的管网工程，我们顺利完成，经专家检测验收，完全符合国家规定要求，在国内尚属首例。

2009 年，承揽了石家庄良村热电联产管网工程，是国内首例最大 DN1400 管网工程。

2010 年，设计了国内最大的热源工程——山西孝义 5×116 MW循环流化床锅炉。

2013 年，承担的“晋州生物质电厂循环水余热供热工程”设计，完全符合国家循环经济“减量化、再利用、资源化”的原则和“低消耗、低排放、高效率”的基本特征，形成了“资源—产品—废物—再生资源”的循环利用模式，最大程度实现了废物资源化。

2014 年，设计的“世行贷款邢台市余热利用集中供热项目”，为国内规模最大的焦化余热供热项目之一。工程采用了具有先进性的荒煤气余热技术、湿熄焦技术、干熄焦技术，获得了世行专家组的高度认可，同时评价：“设计先进、经济合理，采用了新工艺、新技术，提高了经济效益。竣工后，经过两个采暖期运行，安全可靠，供热效果好。”

2015 年，设计的“阳城县城镇集中供热工程”，位于阳城县北留镇，管道穿越铁路、高速、西气东输管线、水源地、山地、河流等，地形复杂，地势起伏大，地形高差 236 m，供热行业中极其罕见，工程中采用多级中继泵站及隔压站，整体设计为国内领先。

2016 年，设计的“西柏坡废热利用入市项目输配管网工程”，该工程供热管线管径为国内最大，大温差技术国内领先。

多年来，我之所以取得这些成绩就是因为有一颗为推动区域经济发展、改善大气质量、创导优质民生、建设美丽中国的初心。

回想我工作的 30 余年，并不是一帆风顺，我曾有过困惑、焦虑、无助和茫然，常年在外劳苦奔波，父母不能照顾，妻女不得团圆。尽管如此，我的志向、我的信念始终没有改变，并支撑我一直走到今天。“含泪播种的人，一定会含笑收获。”现在回想起来，我选择的目标，走过的历程，做过的事情，取得的成绩，让我欣慰和坦然。

作为华热掌舵人，前 30 年我艰苦创业、追逐梦想、拼搏奉献，后半生我还将不忘初心、继续努力，向着更高、更远的目标奋进！

张骐工程现场照片 1

张骐工程现场照片 2

张骐工程现场照片 3

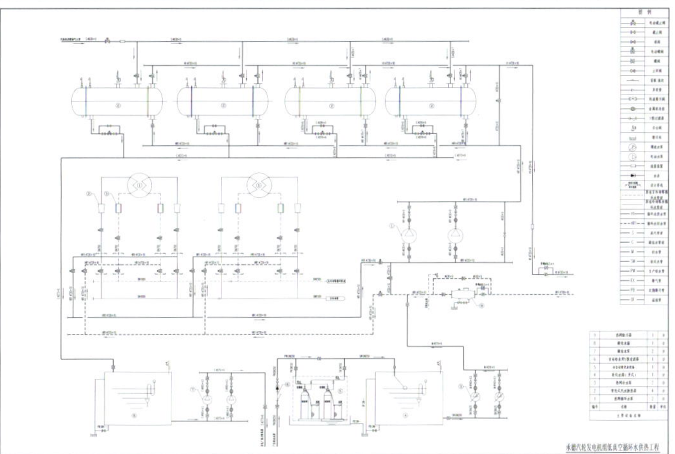

承德汽轮发电机组低真空循环水供热工程

建设地点：河北省承德市
供热面积：300 000 m²
设计/竣工：1999年4月/1999年6月
获奖情况：河北省优秀工程勘察设计二等奖；河北省科技进步二等奖

1999年，主持承德汽轮发电机组低真空循环水供热工程设计。此技术是利用相关技术研制开发的一项新技术，在河北省内尚属首创，在国内处于领先水平。该项目使电厂总热效率由53.52%提高至67.67%，综合效益显著。

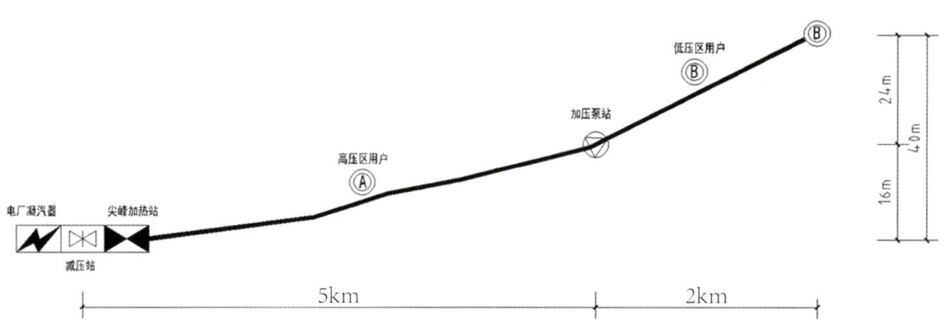

承德市双滦区集中供热工程

建设地点：河北省承德市双滦区

建设规模：最大管径 DN700，总长度约 7 km，主管网水容积 4 000 t

供热面积：约 3 500 000 m^2

设计 / 竣工：2003 年 4 月 / 2004 年 11 月

获奖情况：国家优秀工程勘察设计铜奖；建设部城乡优秀勘察设计二等奖；河北省优秀工程勘察设计二等奖

2003 年，主持承德市双滦区集中供热工程设计。项目为当时国内供热面积、高差最大的直供系统，采用独特的增减压及混水理念使系统在不改造凝汽器的情况下实现直供，为 50 MW 余热利用项目和供热行业提供了宝贵的推广经验。目前，该项目极具推广价值，仍是国家热电联产推广的主流方向。

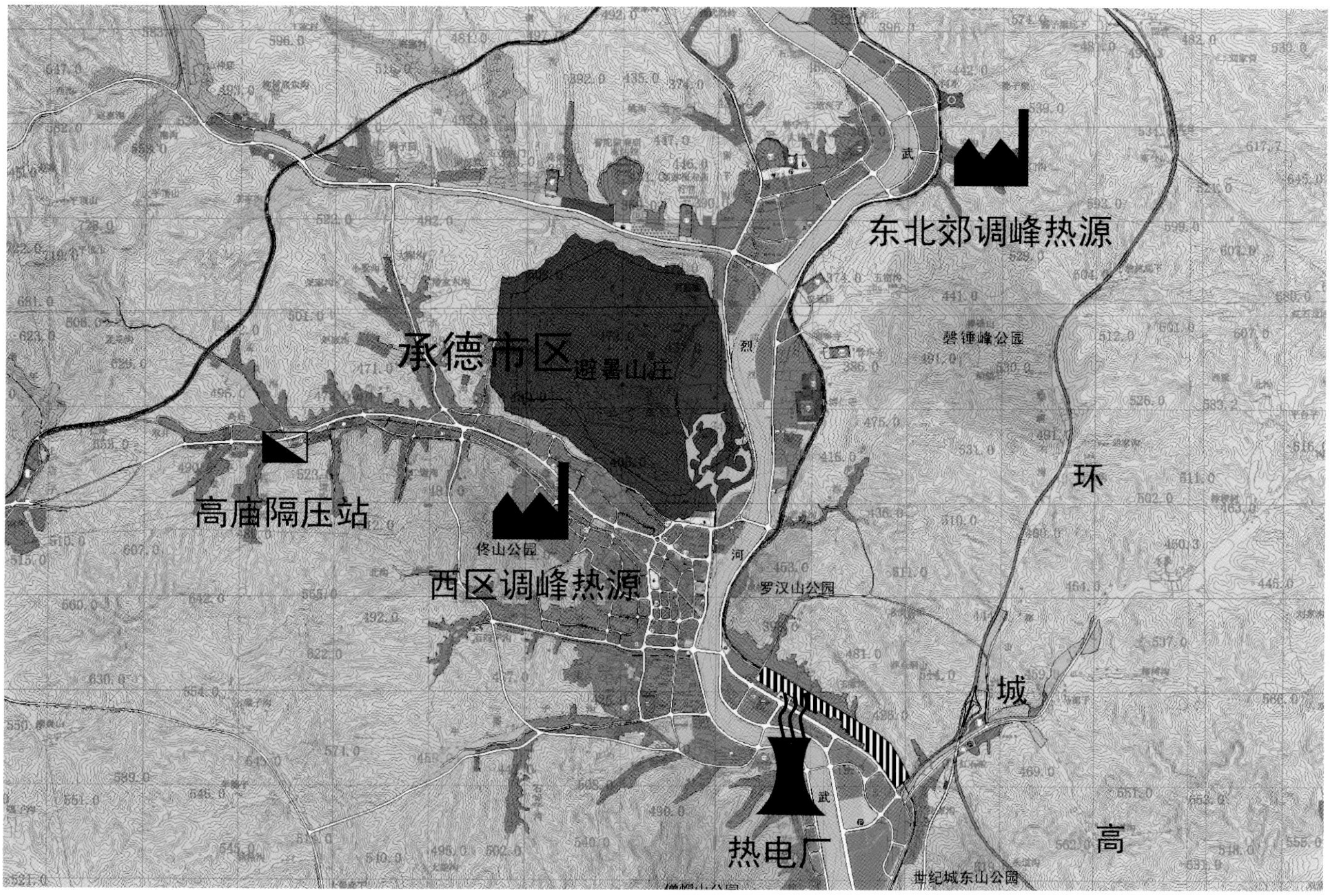

东北郊调峰热源
承德市区
避暑山庄
高庙隔压站
西区调峰热源
佟山公园
罗汉山公园
磬锤峰公园
世纪城东山公园
热电厂
环
城
高

385m
高庙隔压换热站
热用户（采用回水加压）
4 km
西区调峰热源
主循环泵
360m
2.5 km
热用户
7 km
东北郊调峰热源
356m
3 km
热电厂
323m

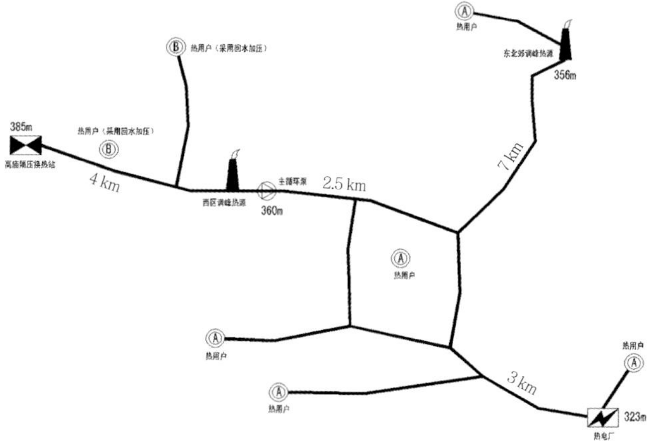

承德市热电联产供热项目

建设地点：河北省承德市
建设规模：DN1000 供热管网和多热源系统的互联互通
供热面积：约 8 000 000 m^2
设计/竣工：2006 年 4 月/2007 年 11 月
获奖情况：河北省优秀工程勘察设计三等奖

2006 年，指导实施了承德市热电联产供热项目，提出了热电联产和三个调峰区域锅炉房非解列环网联网运行的技术理念，发挥了系统最大供热能力，提出的隔压换热、旁通定压、分布式循环泵加压综合利用技术思路，解决了高差 62 m、长输 27 km 的难点，为山区大型供热系统的建立指出了一条典型的技术发展路线。

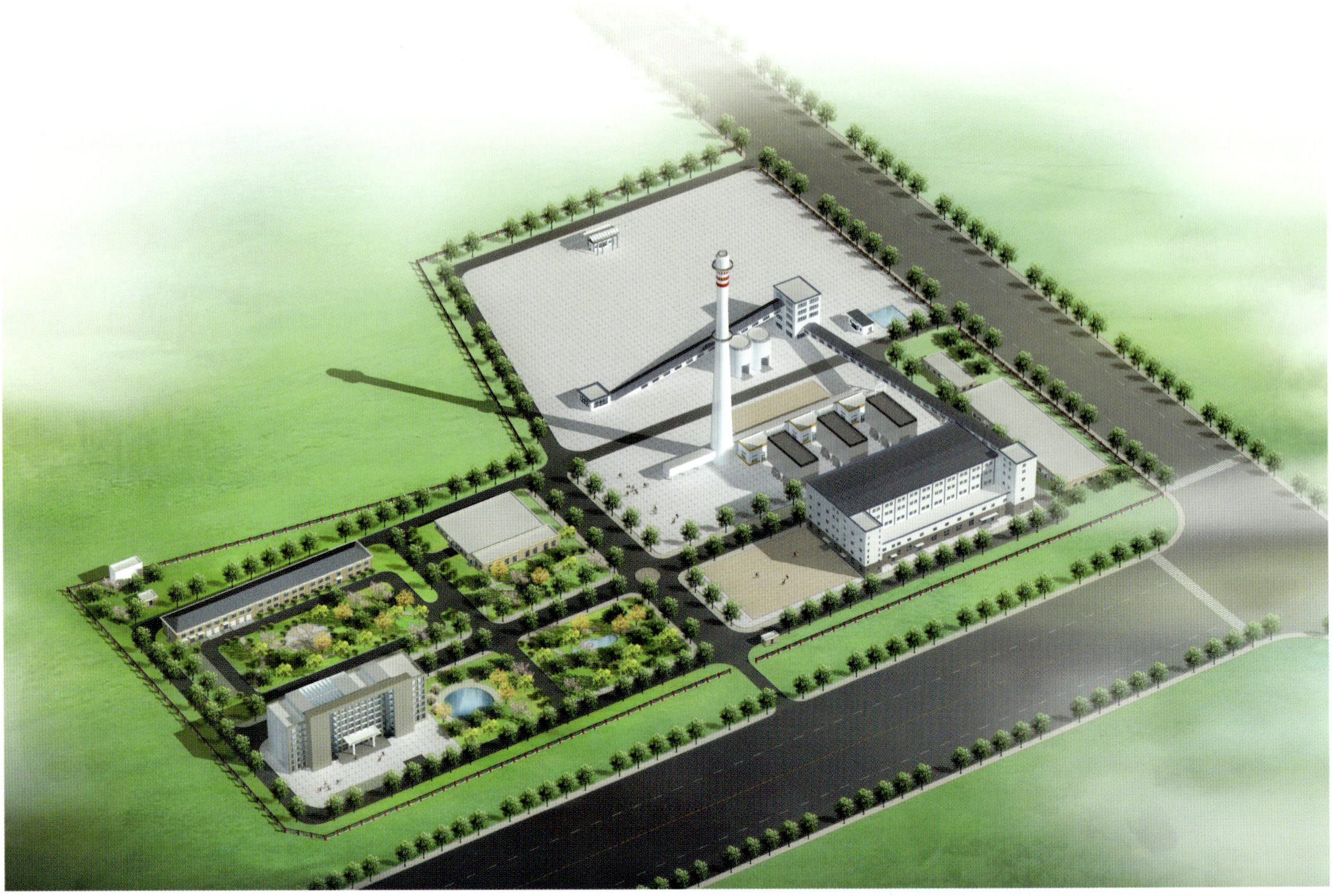

孝义市城东集中供热工程

建设地点：山西省孝义市
建设规模：5×116 MW 热水锅炉
供热面积：约 11 000 000 m²
设计/竣工：2010 年 4 月/2011 年 10 月
获奖情况：河北省优质工程勘察设计一等奖

2010 年，作为项目负责人主持了山西省孝义市城东集中供热工程设计，打破传统小容量锅炉区域热源设计理念，建成了国内最大的 5×116 MW 循环流化床高温热水锅炉房供热热源，为供热行业向大规模高温热水区域热源发展开创了先河。

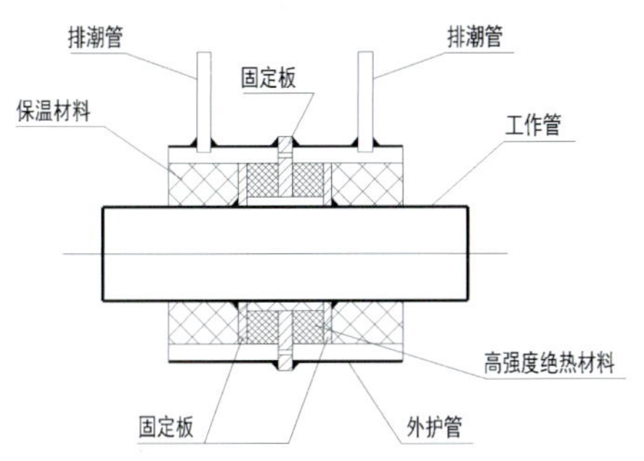

内固定支架、排潮管简图

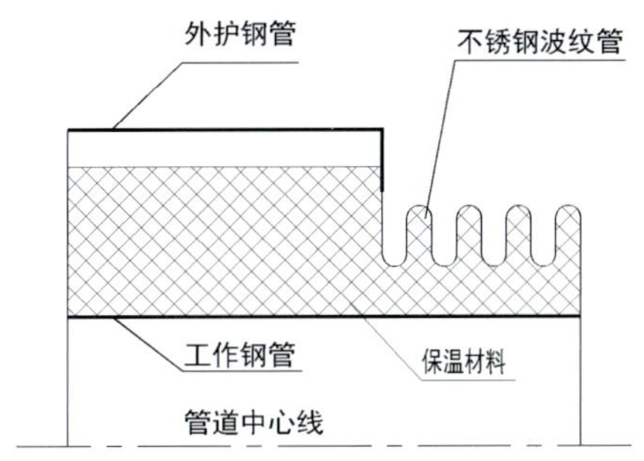

端封结构简图

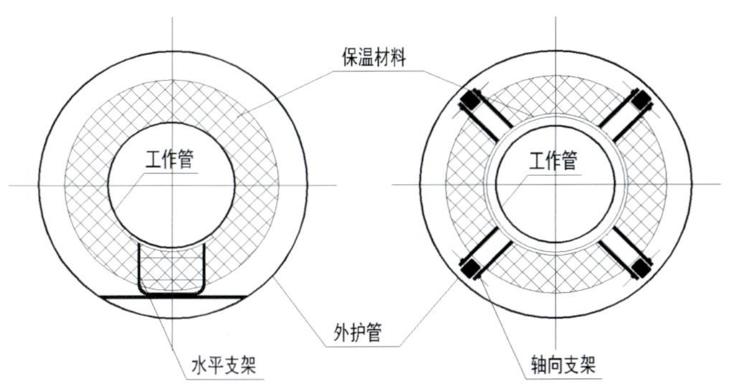

水平支架、轴向支架简图

南市区集中供热蒸汽管网工程

建设地点：河北省承德市
建设规模：DN500 蒸汽主干线约 7.7 km
供热规模：最大供气量 101.22 t/h
设计 / 竣工：2008 年 8 月 / 2009 年 7 月
获奖情况：河北省优秀工程勘察设计一等奖

2008 年，指导了南市区集中供热蒸汽管网工程设计，管线全长 11 km，包括横穿 260 m 滦河，工作管径 DN600，供气能力 101 t/h，采用钢套钢直埋蒸汽管道技术，应用了独特的隔热托管、保温结构、补偿方式、河流穿越的设计理念。

承德热力集团北区办公楼设计项目

建设地点：河北省承德市
建设规模：地上 4 层，地下 1 层
建筑面积：7 770 m^2
设计 / 竣工：2012 年 1 月 / 2013 年 9 月
获奖情况：河北省优秀工程勘察设计三等奖

2012 年，承接承德热力集团北区办公楼设计项目，指导建筑风格做到了实景融入、梯级现代化感官吻合山体的设计特点，同时采用了以现有集中供热为主，电能、太阳能为辅的多能互补供热理念。超前的设计方案，得到了用户和行业考评组的肯定。

张家口市桥东区集中供热工程

建设地点：河北省张家口市

建设规模：热源 3×64 MW 热水锅炉，热网 DN700

供热面积：约 3 500 000 m^2

设计/竣工：2008 年 10 月/2009 年 9 月

获奖情况：河北省优秀工程勘察设计一等奖

2008 年，负责和参与张家口市桥东区集中供热工程设计，项目本着经济合理的原则，并结合现状供热管网情况，确定采暖主管网为闭合式双管高温热水系统，无补偿直埋冷安装敷设技术，供热面积 3 500 000 m^2，热网最大管径为 DN700，工艺及自控水平均达到国内领先，大大改善了供热质量，节约了能源，减少了大气污染，改善了城市环境，提高了人民的生活水平。

晋州生物质电厂循环水余热供热工程

建 设 地 点：河北省石家庄市晋州
建 设 规 模：最大管径DN900，主管道长9.1 km
供 热 面 积：1 500 000 m²
设计/竣工：2012 年 4 月/2013 年 11 月
获 奖 情 况：河北省优秀工程勘察设计二等奖

2012 年，作为项目负责人主持晋州生物质电厂循环水余热供热工程设计，对晋州生物质电厂现有 2 台凝汽器进行改造，利用循环水供热，实现供热能力约为 1 500 000 m²；打造了企业“资源—产品—废物—再生资源”的循环利用模式，实现了废物资源利用最大化和经济效益最大化。

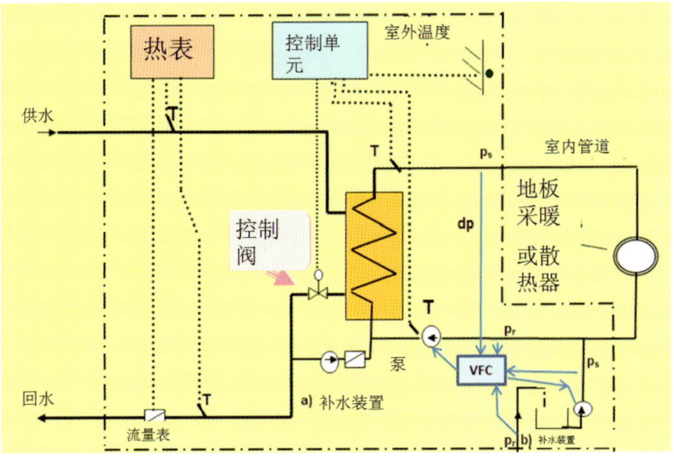

承德楼宇换热站热计量示范项目

建设地点：河北省承德市
建设规模：55 套 0.5~1 MW 楼宇机组
供热面积：约 800 000 m²
设计 / 竣工：2016 年 11 月 / 2017 年 10 月
获奖情况：河北省优秀工程勘察设计三等奖

2016 年，承接承德楼宇换热站热计量示范项目，提出楼宇站采用高集成的小型换热机组理念；主导变流量运行理念，并组合气候补偿、电动调节、压差动态控制等多项尖端技术，使楼宇换热机组技术在国内行业达到领先水平，为示范项目的推广起到了关键性的作用。

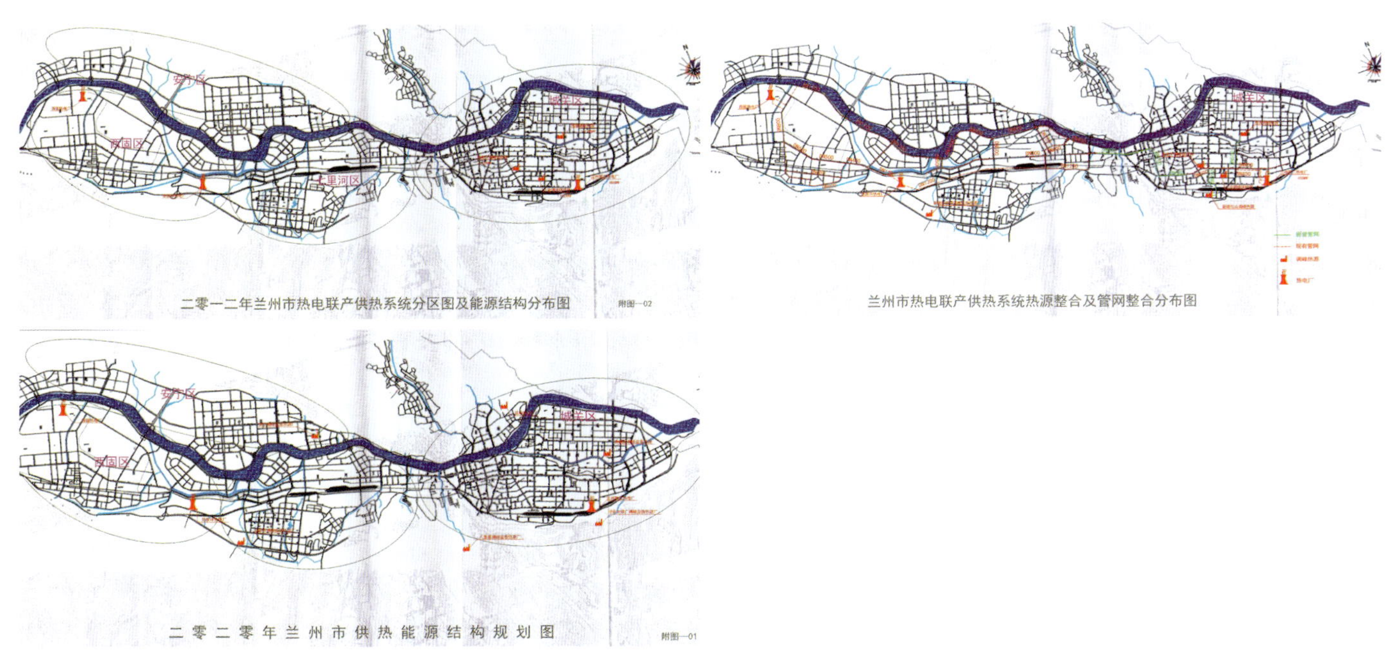

兰州市城市集中供热系统现代化改造可行性研究技术援助咨询项目

建设地点：甘肃省兰州市
供热面积：108 200 000 m²
设计 / 竣工：2013 年 12 月
获奖情况：河北省优质工程勘察设计三等奖

2013 年，承接兰州市城市集中供热系统现代化改造可行性研究技术援助咨询项目，借鉴国外及国内先进理念，提出整合热网、实现多热源联网互补发挥潜力，可再生能源互补拓展热源能力；现代化信息管理平台实现梯级能源管理，为兰州市既有 108 200 000 m² 供热系统现代化改造项目提供了超前的指导思想和实施方案。

长春东南热电联产集中供热工程

建设地点：吉林省长春市

建设规模：管径 DN800~DN1200，主干线总长 30.5 km

供热面积：18 273 900 ㎡

设计/竣工：2014 年 10 月 / 2016 年 8 月

获奖情况：河北省优秀工程勘察设计三等奖

2014 年，作为项目负责人主持长春东南热电联产集中供热工程设计，采用国内先进的预热直埋无补偿技术及中继泵站分级提压理念，顺利引入了热电联产热源，达到向长春市 18 273 900 ㎡供热的条件，敷设 DN800~DN1200 管网 30.5 km，设置供回水两级中继泵站。

阳城县城镇集中供热工程

建设地点：山西省阳城县
建设规模：最大管径 DN1200，主管道长 25.3 km
供热面积：11 750 000 ㎡
设计/竣工：2015 年 7 月/2017 年 11 月
获奖情况：河北省优秀工程勘察设计一等奖

2015 年，主持阳城县城镇集中供热工程，指导设计采用多级中继泵站及隔压站技术相结合的理念，解决了 25 km 长输、236 m 高差难点，达到阳城县引进热电联产（11 750 000 ㎡）集中供热的技术条件。

西柏坡废热利用入市项目输配管网工程

建设地点：河北省石家庄市
建设规模：4 根 DN1400 管道，主管道长 25 km
供热面积：85 000 000 m²
设计/竣工：2014 年/2016 年
获奖情况：河北省优秀工程勘察设计一等奖

2014 年，承接西柏坡废热利用入市项目输配管网工程，管线全长 52 km，管径 DN1400，为国内最大的大口径长输供热管网。指导项目以直埋无补偿和有补偿相结合的理念搭建，采用管涵、非开挖定向穿越、弹塑性弯曲处理等多种技术进行特殊节点的处理，并运用俄罗斯 Start 及太原理工大学直埋应力计算软件进行全方位的应力分析和把控，使设计与现场施工得到了顺利的开展和衔接，得到了建设方的好评。

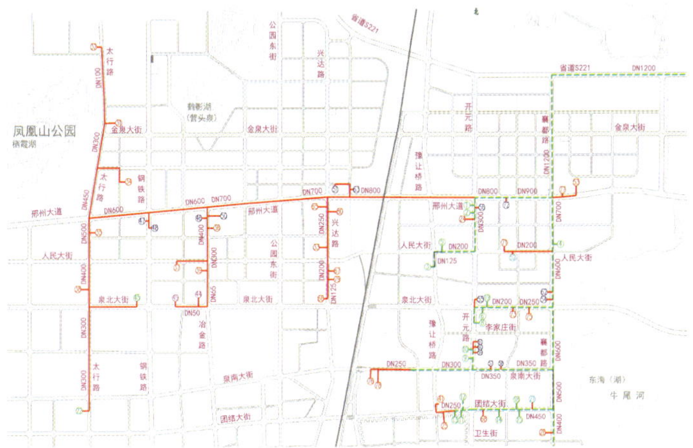

世行贷款邢台市余热利用集中供热项目

建 设 地 点：河北省邢台市
建 设 规 模：最大管径 DN1200，主管道长 16.2 km
供 热 面 积：8 000 000 ㎡
设计 / 竣工：2015 年 / 2017 年
获 奖 情 况：河北省优秀工程勘察设计一等奖

2015 年，主持世行贷款邢台市余热利用集中供热项目，采用吸收式热泵技术，提取中煤旭阳焦化厂工艺循环水余热，同时利用蒸汽尖峰加热，实现 8 000 000 ㎡供热的能力。该项目为国内规模最大的焦化余热供热项目之一，对区域节能和环保有着重大的引领意义。在诸多世行贷款项目中，该技术方案得到了国内和国外专家的首肯。

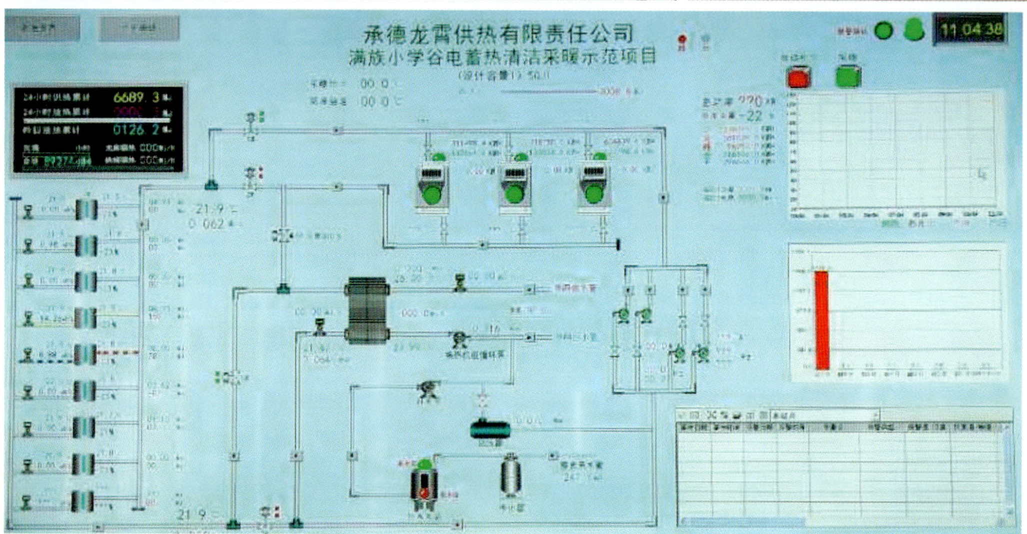

隆化县小学谷电蓄能热力站

建设地点：河北省承德市隆化县

建设规模：3 台 225 kW 电热水锅炉，9 台 1 500 MJ 相变蓄热罐

供热面积：11 500 ㎡

设计/竣工：2015 年 6 月/2015 年 10 月

获奖情况：承德市优秀工程勘察设计三等奖

2015 年，主持隆化县小学谷电蓄能热力站工程，采用相变蓄热技术，利用峰谷电价价格差，实现夜间蓄能+防冻采暖模式、白天蓄热罐输出采暖模式、极端天气电锅炉直供采暖模式三种运行模式，打造了一种全新的清洁能源供热思路。

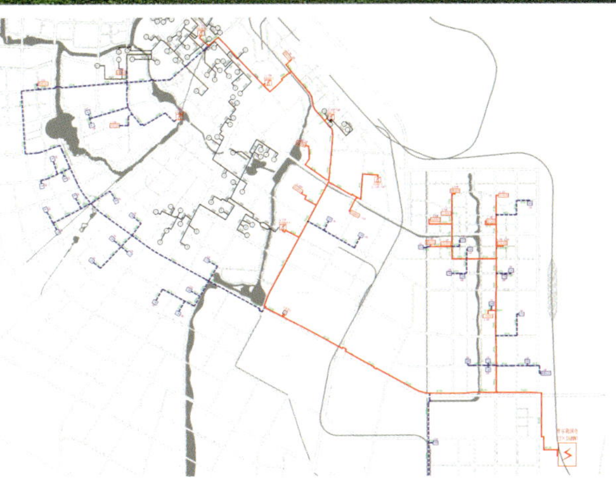

新疆国电库尔勒 2×350 MW 热电联产工程配套供热管网工程

建设地点：新疆维吾尔自治区库尔勒市
建设规模：管径 DN200~DN1200，总长 73 km
供热面积：16 320 000 ㎡
设计/竣工：2016 年 8 月/2017 年 10 月
获奖情况：承德市优秀工程勘察设计一等奖

2016 年，参与和主持了新疆国电库尔勒 2×350 MW 热电联产工程配套供热管网工程设计。项目供热面积 16 320 000 ㎡，涉及管网输送距离长、供热规模大、高差大等诸多难点，并需与现状承压较低的老管网安全对接。设计提出以中继泵站及分布式提压的理念克服技术难点和压力工况问题；同时提出电预热技术与无补偿直埋技术相结合，确保 DN1200 大口径管网的安全。

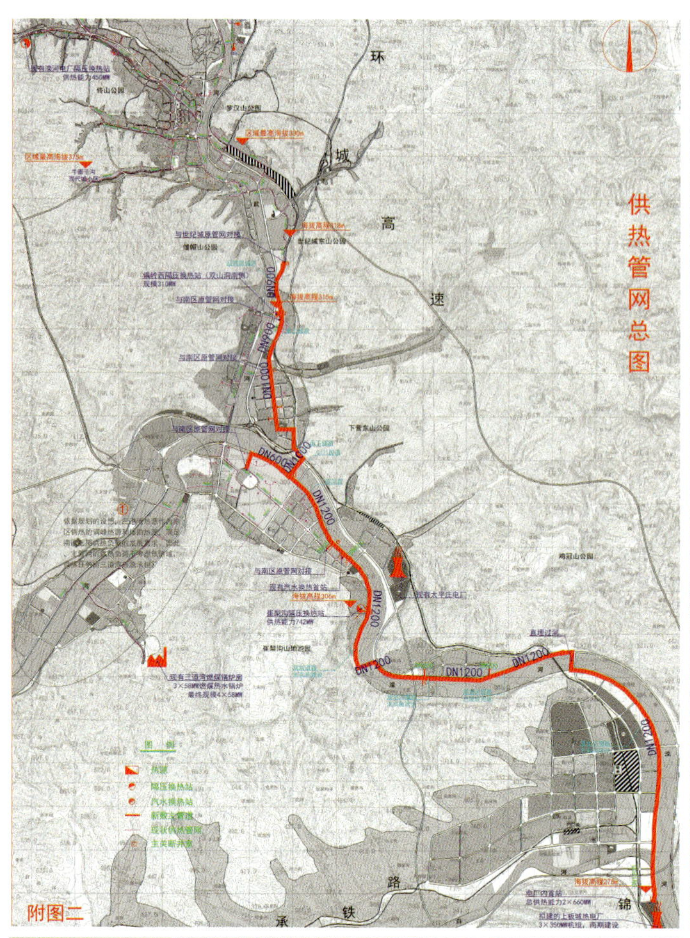

三道湾热源厂
232MW
3310t/h 输送5.76km

电厂首站
787MW
抽汽
凝水
旁通定压
最高压力2.02MPa

输送13.53km
一级管网供水
一级管网回水
130/70℃
设计压力2.5MPa
11269t/h

崔梨沟隔压站
742MW
旁通定压
最高压力1.34MPa

输送8.55km
二级管网供水
二级管网回水
120/60℃
设计压力1.6MPa
10625t/h

偏岭西隔压站
310MW
旁通定压
最高压力1.21MPa

输送7.22km
三级网供水
三级网回水
110/50℃
设计压力1.6MPa
4437t/h

街区换热站

上板城热电厂配套管网工程

建设地点：河北省承德市上板城

建设规模：管径 DN200~DN1200，主管网总长 25 km

供热面积：24 220 000 m²

设计/竣工：2016 年 12 月/2017 年 11 月

获奖情况：河北省优秀工程勘察设计一等奖

2016 年，主持和指导了上板城热电厂配套管网工程设计，采用隔压换热与计算机模拟旁通定压相结合的技术，解决了地形高差 100 m、长输 27 km 的工程难点，将 4×350 MW 上板城热电厂与现有调峰热源实现联网运行，满足了规划 24 220 000 m² 的供热需求，为国内长输管网的技术发展提供了典型经验案例。

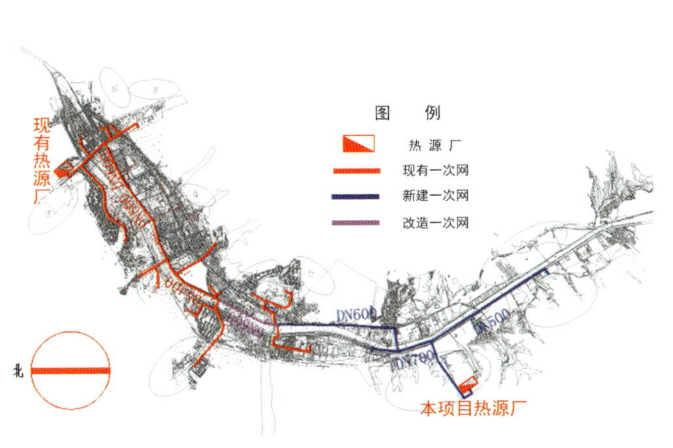

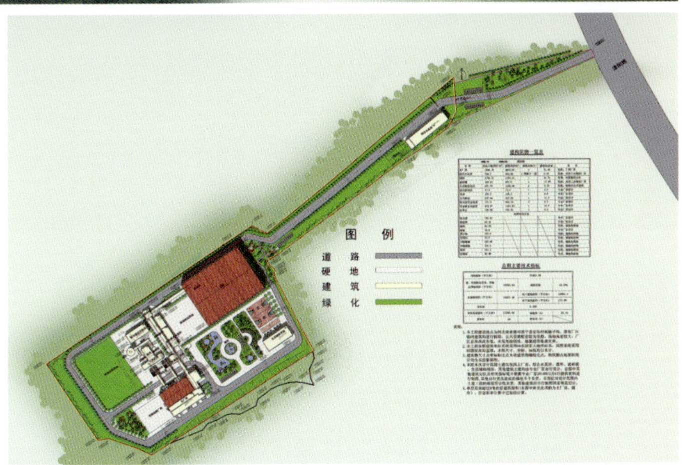

承德滦平县 4 × 70 MW 燃煤热水锅炉房区域热源

建设地点：河北省承德市滦平县

建设规模：4 × 70 MW 热水锅炉，热网 DN800，管网总长 7.7 km

供热面积：9 560 000 m²

设计 / 竣工：2018 年 1 月 / 2018 年 10 月

获奖情况：河北省优秀工程勘察设计一等奖

2018 年，主持和指导了承德滦平县 4 × 70 MW 燃煤热水锅炉房区域热源项目，采用现代化工业厂房的设计理念贯穿技术主线，形成办公、生产、节能、高效及环保的顶层组合理念，在近几年的燃煤热源供热设计领域极具创新特色。

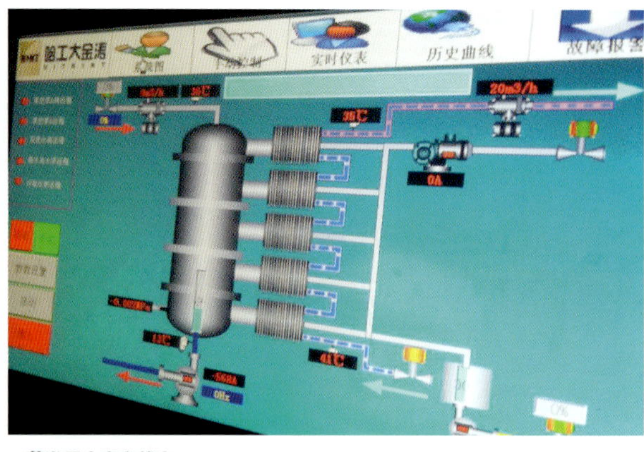

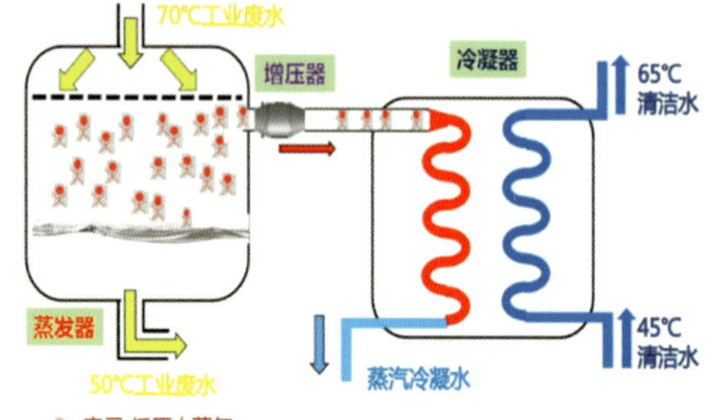

迁安轧一钢铁集团有限公司高炉冲渣水余热利用项目

建设地点：河北省唐山市迁安
建设规模：2 套 6 MW 直热式机组
供热面积：500 000 ㎡
设计 / 竣工：2017 年 10 月 / 2018 年 5 月
获奖情况：河北省优秀工程勘察设计三等奖

2017 年，主持和指导了迁安轧一钢铁集团有限公司高炉冲渣水余热利用项目，供热面积 500 000 ㎡。设计打破了传统直接换热的模式，引入真空相变换热技术，有效地解决了易堵塞、腐蚀、结晶挂垢等渣水换热问题，并实现了废水的洁净提取利用，为国内污水余热的回收技术拓展了思路。

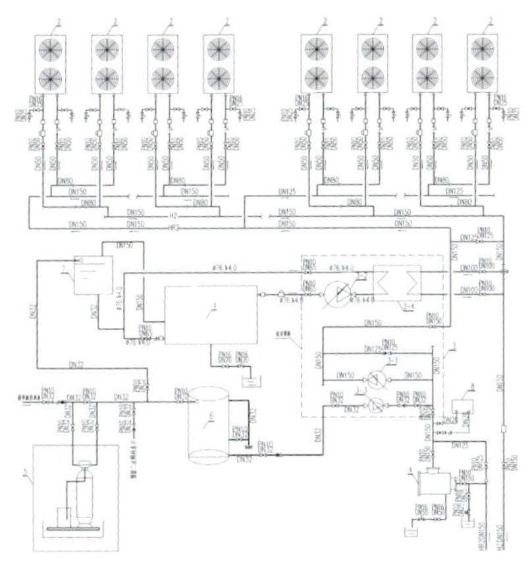

黄骅市清洁能源替代燃煤锅炉供热项目

建设地点：河北省沧州市黄骅
建设规模：燃气热力站 23 座
供热面积：约 1 300 000 m^2
设计/竣工：2017 年 7 月/2017 年 11 月
获奖情况：承德市优秀工程勘察设计二等奖

2017 年，主持和指导了黄骅市清洁能源替代燃煤锅炉供热项目，总供热面积 1 300 000 m^2，涉及 134 座能源站的建设。结合自己多年的经验，采用全方位经济化分析对比理念，实施燃气空气源、电空气源、电锅炉、燃气锅炉合理搭配及互补的综合方案，将清洁能源供热经济运行发挥到了极限。该种理念极具清洁能源供热行业的借鉴和推广潜力。

图书在版编目（CIP）数据

河北省工程勘察设计大师丛书．交通、水利、煤炭、设备卷 / 河北省工程勘察设计咨询协会主编．— 天津：天津大学出版社，2018.11
ISBN 978-7-5618-6314-5

Ⅰ．①河… Ⅱ．①河… Ⅲ．①道路工程－工程技术人员－生平事迹－河北②水利工程－工程技术人员－生平事迹－河北③煤炭工业－工程技术人员－生平事迹－河北④工程设备－工程技术人员－生平事迹－河北 Ⅳ．①K826.16

中国版本图书馆 CIP 数据核字（2018）第 275703 号

Hebei Sheng Gongcheng Kancha Sheji Dashi Congshu. Jiaotong、Shuili、Meitan、Shebei Juan

策划编辑 金　磊　韩振平　郭　颖
责任编辑 常　红
装帧设计 《建筑评论》编辑部　吴　迪

出版发行 天津大学出版社
地　　址 天津市卫津路 92 号天津大学内（邮编：300072）
电　　话 韩振平工作室 022-27402281
网　　址 publish.tju.edu.cn
印　　刷 北京利丰雅高长城印刷有限公司
经　　销 全国各地新华书店
开　　本 210 mm × 285 mm
印　　张 11.75
字　　数 332 千
版　　次 2018 年 11 月第 1 版
印　　次 2018 年 11 月第 1 次
定　　价 136.00 元